MARTYRIUS (SAHDONA)
ŒUVRES SPIRITUELLES

II

LIVRE DE LA PERFECTION, 2me PARTIE (CH. 1-7)

CORPUS
SCRIPTORUM CHRISTIANORUM ORIENTALIUM
EDITUM CONSILIO
UNIVERSITATIS CATHOLICAE AMERICAE
ET UNIVERSITATIS CATHOLICAE LOVANIENSIS
Vol. 215

SCRIPTORES SYRI
TOMUS 91

MARTYRIUS (SAHDONA)

ŒUVRES SPIRITUELLES

II

LIVRE DE LA PERFECTION, 2me PARTIE (CH. 1-7)

TRADUIT

PAR

ANDRÉ DE HALLEUX

LOUVAIN
SECRÉTARIAT DU CORPUSSCO
49, CH. DE WAVRE
1961

[1] SECONDE PARTIE DUDIT LIVRE DE LA PERFECTION, OU DISCOURS TRAITANT DE LA VERTU EN PARTICULIER.

CHAPITRES DE CE TRAITÉ :

[15] TRAITÉ [2] PREMIER. — Résumé du premier discours, préface au second et apologie (adressée) aux critiques.

* [16] Il nous semble avoir suffisamment traité dans le discours * p. 2
précédent la matière relative à la crainte de Dieu (telle qu'on

[1] II, 9, § *1* : « De la pénitence, servante de la componction ». [2] Lire : « chapitre » (cfr ci-dessus, § *1*).

l'observe) dans la vie de la perfection, qui est la vôtre, bien-aimés. Répondant au vœu que vous (nous) aviez exprimé, nous en avons exposé toutes les matières, en vingt-deux chapitres (composant) quatre traités, brièvement, (mais) en pleine conformité avec le dessein que nous nous étions proposé.

[17] Nous avons d'abord montré la grandeur de la grâce divine par l'exemple (qu'en donne) la création tout entière, par la dignité (qui était) nôtre dans notre existence première, ainsi que par la gloire et la grandeur de notre restauration. Nous avons souligné que, désormais, chacun doit absolument répudier le péché et s'attacher au bien, parce qu'il en a le pouvoir; qu'il ne suffit pas, pour nous affranchir du châtiment, que nous renoncions au mal, tant que nous ne nous appliquons pas également à faire le bien; et que notre renonciation au mal et notre application au bien doivent résider dans une conscience porteuse de l'amour de Dieu, et non dans les seules actions extérieures.

[18] Après quoi nous avons encore montré la belle et magnifique excellence de la voie de la justice : Comment est-elle arrivée jusqu'à nous, transmise par les saints, d'âge en âge, depuis le début? Parmi quelles tribulations, fatigues et combats y vécurent-ils? mais aussi, de quelles auréoles et (de quelle) gloire majestueuse furent-ils et seront-ils honorés par Dieu? Suite à quoi nous avons joint une exhortation à les imiter. Nous avons ensuite indiqué (quelle est) la hideuse horreur de la voie du péché, combien Dieu réprouve ceux qui y marchent, et quelle sera finalement leur damnation; et nous en avons profité pour gourmander la conscience des dépravés (qui vivent) sous les dehors de la justice, (et pour) dissuader tout le monde de les imiter [1].

[19] Nous avons ensuite montré la grandeur de la règle de vie de la solitude par l'exemple des hommes éminents de notre temps : Quels sont ses dehors authentiques? quelle est sa grandeur? jusqu'à quel degré de perfection parviennent ceux qui y vivent, et quelles glorieuses récompenses leurs sont réservées pour la fin [2]?

[20] Après quoi nous avons composé un mot d'exhortation à (la vie de la solitude), * à l'adresse de quiconque désire bénéficier des magnifiques promesses de sa perfection : Comment faut-il y accéder?

* p. 3

[1] Cfr I, II, 3 et 8. [2] Cfr I, III.

Quelle est la grandeur de la règle de vie de la retraite qu'elle (implique) ? Quel profit retire-t-on de la vie commune ? (celle-ci) est-elle fort utile aux débutants ? Quels sont encore les combats de la vie solitaire ? quelles sont ses difficultés ? comment celui qui s'y veut illustrer doit-il résister de front, avec l'armure des vertus, en rangeant savamment pièce contre pièce [1] ?

[21] (Tout) cela, nous estimons l'avoir défini dans l'ordre convenable, bien suffisamment, (quoique) en un style concis, suivant le dessein que nous nous étions proposé en commençant. Et quand on jugerait par-ci, par-là (notre) style prolixe, cela (ne signifierait pas que) nous nous soyons pour autant écarté de notre dessein, car (c'est) la matière (qui) exigeait d'être exposée de la sorte ; et si l'on y regarde de près, on s'apercevra qu'elle a été exposée bien sommairement ; car si elle avait dû être développée conformément à son importance, il aurait peut-être (déjà) fallu, pour la contenir, un ouvrage spécial et distinct.

[22] Et quand il y aurait encore un sujet ou un exemple que nous eussions exposé à deux ou à trois reprises, que nul n'estime cela radotage ou rabâchage, (car) il était fort opportun que cela fût exposé de la sorte ; et si l'on est bien attentif aux nuances, on saisira qu'il n'y a pas de répétition, mais (bien) diversité de points de vue, adaptée à chacun des sujets. Car il se peut qu'un même exemple convienne à des sujets divers, grâce à sa diversité d'aspects. Ainsi, bien que chacun des justes (n'offre qu')un exemple, (cet exemple) peut très bien s'adapter à toutes les matières de la vertu, grâce aux multiples faces de ses beautés ; et, encore que chacun de ces (justes) soit amené maintes fois à l'appui du discours pour ses vertus, si l'on y prête attention, il ressortira chaque fois du discours sous un jour nouveau, selon le sujet auquel on l'aura adapté ; c'est que chacun des saints possède toutes les vertus, et convient (donc) pour toutes comme modèle à imiter, tel un homme de belle apparence et d'une grâce aimable, dont la beauté a des traits adaptés pour chacun de ses membres.

* [23] Que l'on parle de l'amour et de la charité (des saints) * p. 4
envers Dieu, et des tribulations qu'ils ont soutenues pour lui sans se relâcher de son amour ; (que l'on raconte comment) ils ont aimé et

1 Cfr I, IV, 1-5.

chéri sa société dans la retraite, et (comment) ils ont obéi à son commandement (en) prenant à charge la formation d'autrui, parmi les fatigues et les vexations; (que l'on évoque), par manière d'encouragement, leur glorieuse récompense; que l'on s'enquière aussi de (leur) foi, de (leur) jeûne et de (leur) abstinence, de (leur) pureté et de (leur) sainteté, de (leur) pénitence et de (leur) componction, de (leurs) veilles et de (leur) oraison, de (leur) humilité et de (leur) calme, de (leur) bonté et de (leur) douceur, de (leur) modestie et de (leur) obéissance, de (leur) support des contrariétés (provenant) de la nature aussi bien que des hommes méchants et des démons rebelles : bref, que l'on cherche à les amener en exemple, avec toutes leurs vertus, pour étoffer son récit : on ne sera (jamais) considéré comme un rabâcheur et un radoteur.

[24] Veut-on encore montrer en style d'exhortation la grande perfection de la règle de vie supérieure? on ne pourra le signaler avant d'en avoir décrit toutes les vertus, avec abondance de détails. (Veut-on) exposer (ces vertus dans un style plus) sévère, en vue de reprendre et de redresser? on se voit contraint de s'arrêter longuement à l'exposé de chacune d'elles, si l'on a vraiment le dessein d'être utile à tous. En effet, un sujet spécialement exposé et illustré à part soi s'enracine beaucoup mieux dans l'esprit du lecteur que (s'il était) noyé au milieu de l'exposé et parmi beaucoup (d'autres) sujets; aussi ne (peut)-on reprocher à celui qui l'expose (avec méthode) de ressasser (sans cesse) la même chose.

[25] Que nul ne nous taxe donc de rabâchage, comme (si nous étions), nous aussi, un radoteur; car si nous avons agi de la sorte tout au long de cet ouvrage, c'est que nous nous étions fixé comme dessein d'étayer notre discours par les histoires des justes et les exemples des Écritures spirituelles, pour notre profit à nous, et pour celui de quiconque veut se libérer de l'envie. Et puisque nous
* p. 5 exposons (notre sujet) en chapitres spéciaux * et distincts, il est inévitable qu'un même point se trouve en bonne place à deux ou à trois endroits, car les vertus s'entremêlent (les unes aux autres) comme (en) un manteau brodé aux dessins multicolores; (aussi), bien que nous nous efforcions de les montrer séparément, et en style concis, pour en river la signification dans le cœur des simples, nous sommes de temps en temps contraint de les mêler (les unes aux autres), à

cause de leur ordonnance en l'unique organisme de la perfection.

[26] Mais le souci de l'exactitude nous contraint également de déborder notre dessein en nous étendant sur des détails, conformément aux exigences du sujet; car nous n'aurions pu l'exposer ni l'illustrer convenablement pour tous si nous n'avions agi de la sorte. Et si quelqu'un de ces beaux critiques, qui ne se plaisent qu'à critiquer, déclare tout cela superflu, et qu'il suffirait soi-disant de condenser toute (la science de) la vertu en un raccourci, que (celui-là) sache que, tout en disant vrai, il frustre de (leur) profit beaucoup de (lecteurs) imparfaits, pour ne pas dire lui-même aussi, à moins qu'il ne soit très parfait et spirituel.

[27] Qu'il soit possible de renfermer toute la vie de la perfection dans une courte lettre, je l'accorde, moi aussi; (c'est possible), et non seulement (dans une lettre), mais même dans un seul mot, puisque aussi bien toute *la Loi et les Prophètes se résument en deux commandements,* suivant la parole de notre Sauveur, à savoir : *Aime Dieu de tout ton cœur et ton prochain comme toi-même* [1], et (puisque) encore, suivant le mot de l'Apôtre, *toute la Loi s'accomplit en cette seule parole : Tu aimeras ton prochain comme toi-même* [2]. Or, bien qu'il en soit ainsi, vois comme ils sont nombreux, les livres de l'Ancien Testament et, après eux, ceux du Nouveau Testament, avec les commentaires (qu')en (ont donné) les docteurs, l'amas de doctrine et de traités, les multiples conseils et avertissements des saints, et les récits attachants de leurs Histoires! Tout cela n'engage (et) n'attire qu'à une seule chose, à savoir, à la charité envers Dieu et envers autrui; mais, (après avoir fait) le si * long (* p. 6) parcours des nombreux discours exposés (dans ces) livres avec une extrême variété, notre esprit a peine à se maintenir dans la crainte de Dieu!

[28] Les vertueux s'attach(erai)ent à l'honnêteté et répudi(e)raient le vice par (simple obéissance à) la loi naturelle, même sans (toute) cette (littérature); mais, même avec elle, les tièdes et les lâches (ne parviennent qu')à grand-peine à s'écarter du mal et à s'approcher du bien! C'est pourquoi Dieu nous a (si généreusement) prodigué l'enseignement de (sa) parole, afin que l'abondance et la saveur (de sa parole) en maintiennent le désir dans l'esprit,

1 *Matth.*, XXII, 37, 40. 2 *Gal.*, V, 14.

et que (celui-ci) soit entraîné par son désir vers l'amour de Dieu, et attaché au bien par l'amour de Dieu. En effet, la saveur d'un aimable langage et la suggestion de la vertu sous des points de vue variés sont grandement profitables à l'âme; mais la parole dure et le verbe tranchant, qui effraient et éloignent du mal, lui sont aussi nécessaires; celles-là la font brûler d'amour pour le bien, et ceux-ci lui font prendre le mal en horreur et en aversion.

[29] C'est ainsi qu'agissait Dieu notre Seigneur dans l'Ancien (Testament), lorsqu'il adressait au Peuple des bénédictions mêlées à des imprécations : bénédictions pour ceux qui feraient le bien, imprécations pour ceux qui pratiqueraient le mal[1]. Ainsi faisait également notre Sauveur le Christ dans le Nouveau Testament : c'est en entremêlant ses souhaits de béatitude et de malédiction qu'il incitait à la vertu et éloignait du vice[2]; et il a également confié à ses saints la sage parole de son enseignement, pour qu'ils nous exhortent sans cesse au salut par la diversité de leurs discours, dont le charme nous rend empressés et zélés. Des mets variés et des plats agréablement assaisonnés excitent l'appétit et rendent insatiable le ventre, qui est pourtant bien petit et étroit; ainsi un style varié et harmonieusement structuré fait-il les délices de l'âme (et) lui donne-t-il l'appétit de la parole du salut, grâce à laquelle elle (pourra) se purifier du vice et se parer du bien.

[30] Car l'esprit est assez spacieux et (assez) vaste pour contenir tous les vocables (possibles), et (cependant) toute l'informa-
* p. 7 tion du monde ne peut le rendre trop étroit pour (en) * embrasser toutes les significations intellectuelles. En effet, de même que la parole est sans limites, si bien que, autant qu'on en exprime, on en tait plus qu'on en exprime : de même l'intelligence qui la reçoit a beau être pleine de son information, elle reste encore assez spacieuse pour en étreindre les significations. Pourquoi donc l'esprit de certains se rétrécit-il? (Pourquoi) la parole des saints, voire celle de Dieu, qui nous a été exprimée, (peut-elle) se trouver à l'étroit dans (notre esprit), alors qu'il est assez spacieux et (assez) large pour contenir toute parole?

[31] Puis donc que (ceux-là) estiment de trop ce que nous avons exprimé (de la parole de Dieu), qui les a rétrécis, au point qu'elle

[1] Cfr *Jér.*, XVII, 5-8. [2] Cfr *Luc*, VI, 20-26.

leur ait semblé un fardeau exagéré? Ce n'est d'ailleurs pas pour eux que nous l'avons exposée; car je n'ai pas eu la sottise de (vouloir) enseigner des parfaits et des spirituels, mais (je me suis adressé) à ceux qui sont imparfaits comme moi, — s'il en est de tels! Et à ceux-ci, la parole est aisément supportable; grâce à la charité, l'oreille de leur esprit s'ouvre joyeusement au-devant d'elle, et leur cœur est spacieux. — (Ce faisant), toutefois, je ressentais, même à l'endroit de ceux-ci, une double appréhension : d'abord, celle de donner prétexte aux critiques, et ensuite, celle de paraître me mesurer à une entreprise supérieure à mes forces, puisque les Anciens s'en sont déjà occupés suffisamment, et qu'il n'y a plus rien à y ajouter ni à y retrancher.

[32] Aussi, contraint de me mettre à la tâche, n'ai-je rien prétendu dire de moi-même; mais il m'a paru bon de puiser, dans la vaste mer des Écritures et dans les fleuves généreux des enseignements de nos Pères, ce qu'une main peut contenir de puissance d'esprit pour ranger en un style ordonné les vertus qu'ils ont spirituellement enseignées, (et cela), pour ma propre jouissance, et pour (la jouissance) de (quiconque) en (aurait) aussi besoin que moi. Que nul ne me reproche donc d'avoir présomptueusement suivi nos Pères, alors que je (n')ai voulu (qu')exprimer en un style simple, avec autant de clarté que d'agencement, ce qu'ils avaient déjà dit de façon sublime et avec tant de sagesse; et encore, ne m'y serais-je pas risqué, — bien qu'une pareille méthode soit absolument nécessaire pour se faire aisément comprendre des imparfaits, qui ne peuvent s'aventurer * dans les abondantes richesses de la littérature * p. 8
de nos Pères, — si la Charité de gens dévots ne m'y eût instamment invité. Je supplie (donc) leur Charité de prier pour moi, afin que je (puisse) achever ce que j'ai commencé conformément à leurs vœux et à la volonté divine.

[33] Et voici déjà terminée la première partie de notre ouvrage, exposant la crainte de Dieu dans la vie solitaire et y exhortant. Il nous reste maintenant à parler des aspects de la vertu et des fruits [1] qui mûrissent chez les parfaits. Dans le précédent traité [2], nous nous étions contenté de mentionner (les vertus), en rappelant qu'il faut nous en servir comme d'une armure pour combattre le mal; il est à

[1] Cfr *Gal.*, v, 20. [2] Cfr I, iv, 5, §§ *17-20*.

présent nécessaire de parler séparément de chacune d'elles, en des chapitres spéciaux : Quelle est leur efficacité? quelle est leur beauté? quand sont-elles authentiques? comment s'acquièrent-elles et se conservent-elles (lorsqu'on est) sincère? Nous ferons (ainsi) deux choses en une, mettant en lumière, afin d'y exhorter, les vertus louables pour leur beauté, et réprouvant par (notre) discours les vices répréhensibles qui leur sont opposés, afin que beaucoup s'en éloignent.

[34] Et nous allons commencer par parler de la foi, qui est le principe du salut et le fondement de toute la crainte de Dieu et de la justice.

[1] (CHAPITRE) DEUXIÈME. — De la foi véritable et de la saine profession de l'orthodoxie.

[2] La foi véritable est la *source de la vie* et la *lumière* du savoir [1], l'embranchement de la voie du salut, la fontaine de l'Esprit et le *jaillissement de fleuves d'eau vive* [2], un riche trésor, plein de toutes (sortes) de biens, une fortune précieuse et inestimable [3], une tour et un rempart solides et inexpugnables, une *armure* spirituelle et
* p. 9 inaltérable [4], le *bouclier qui éteint les traits* * *enflammés du Malin* [5], la *cuirasse* seyante *de la justice* [6], la *sauvegarde de l'âme* dans la vie spirituelle [7], l'image qui montre les choses lointaines, le sûr *garant des choses cachées* [8], le chemin et le guide (menant) jusqu'à Dieu [9], le navire de l'esprit conduisant auprès de Dieu [10], le char rapide installant auprès de l'Essence [11], le regard pénétrant qui voit partout [12], le peintre adroit, qui dessine habilement toute image.

[3] La foi dépeint et montre tout le passé, le présent et l'avenir. Elle (permet) de connaître et de se représenter tous *les siècles*, ceux qui ont été aussi bien que ceux qui seront : *Par la foi*, dit (l'Écriture), *nous comprenons que les siècles ont été formés par la*

1 *Ps.* XXXVI, 9. 2 *Jean*, VII, 38-39. 3 *Eccli.*, VI, 15-16. 4 *Éph.*, VI, 11. 5 *Ibid.*, 16. 6 *Ibid.*, 14. 7 *Hébr.*, X, 39. 8 *Hébr.*, XI, 1. 9 Cfr *Gen.*, XII, 1-4? 10 Cfr *Gen.*, VI, 8-22? 11 Cfr 2 *Rois*, II, 11? 12 Cfr 2 *Rois*, VI, 17?

parole[1] *de Dieu*[2]; et encore : *La foi est la garantie de ce qui (n')existe (qu')en espérance, comme si cela était (déjà) effectivement*[3]. Elle nous fait encore saisir la constitution par Dieu de notre existence à nous. En un mot, elle nous fait comprendre à la fois la créature et son créateur : la créature comme fondée par lui, et lui comme son créateur et son gouverneur. Il est donc requis de croire les deux : qu'elle fut créée par lui alors qu'elle n'était point, et qu'il est celui qui la gouverne et l'organise.

[4] Mais la foi en (Dieu) se présente elle-même sous un double aspect : nous (devons) *croire qu'il existe,* et nous fier à ses promesses, suivant la parole du divin Paul : *Celui qui s'approche de Dieu,* dit-il, *est tenu de croire qu'il existe, et qu'il sera le rémunérateur de ceux qui le cherchent*[4]. Deux choses sont donc absolument requises de *celui qui s'approche de Dieu :* la foi ferme en lui et la confiance assurée en ses promesses. En effet, les deux sont intimement liés, s'entraînent et s'enchaînent mutuellement, se confirment et se soutiennent mutuellement : de la foi en Dieu, nous sommes entraînés vers ses promesses, tandis que la foi dans les réalités futures confirme et fait croître en nous la foi en lui; et alors, nous avons à cœur de mener une conduite droite, en accord avec la foi en lui et conforme à l'attente de ses biens.

* [5] Mais nous devons encore savoir d'où (provient) la connaissance de la vraie foi et comment nous pouvons la connaître. Eh bien! que la connaissance qu'est la foi en Dieu soit innée à la conscience, cela ressort du fait que tout homme croit à l'existence de Dieu. En effet, encore que d'aucuns *tiennent le vrai captif dans l'iniquité*[5] et *échangent la vérité contre le mensonge*[6], tous savent cependant que *Dieu existe* et qu'il faut *croire* en lui[7]. *La connaissance de Dieu est en eux manifeste,* dit (l'Écriture), *Dieu la leur ayant manifestée*[8] — (Et) comment (cela)? — *Les secrets (cachés en) Dieu depuis la fondation du monde, ainsi que sa puissance et sa divinité éternelles, se montrent aux créatures par l'intelligence*[9]. En effet, lorsqu'elle pénètre comme il faut l'activité des créatures, mues intérieurement avec une merveilleuse diversité, la vertu cognitive innée à la nature des (êtres) raisonnables

* p. 10

[1] Parole = Verbe! [2] *Hébr.*, XI, 3. [3] *Ibid.*, 1. [4] *Ibid.*, 6. [5] *Rom.*, I, 18. [6] *Ibid.*, 25. [7] *Hébr.*, XI, 15. [8] *Rom.*, I, 19. [9] *Ibid.*, 20.

peut atteindre par l'intelligence le Dieu caché *qui existe avant les siècles,* qui a posé quand il lui a plu les fondements de la création, qui la maintient par les rênes de son gouvernement et qui la gouverne par sa puissance et par sa *sagesse* [1].

[6] Tel est donc l'enseignement que la vertu de la loi naturelle des (êtres) raisonnables tire des créatures à propos de la connaissance de Dieu et de la foi en lui, pour ceux qui s'en approchent comme il faut [2]. Mais la vraie connaissance (de Dieu) et la (vraie) foi en lui s'enseigne et s'apprend proprement par l'*audition* des divines Écritures : *La foi (naît) de l'audition, et l'audition, de la parole de Dieu* [3]. C'est, en effet, dans *les paroles vivantes* de l'Esprit de Dieu, enserrées sous nos yeux dans les Écritures, que se dissimule l'or fin de la foi, et c'est au fond de leur mystérieux secret que scintille sa beauté adamantine. Descendons-y donc par le savoir, et ramenons-nous-en le trésor salutaire [4] qui rend *sans prix* ses possesseurs, suivant la parole du Sage : *L'amant de la foi n'a pas de prix,* dit-il, *et sa grâce est inestimable. L'amant de la foi est un baume salutaire pour celui qui l'approche* [6], car par la foi il ramène à la vie en Dieu ceux qui étaient morts dans l'erreur [6].

* p. 11 * [7] Mais voyons ce que nous apprennent de Dieu (ces) *paroles vivantes* [7]*;* scrutons-les bien, de façon à connaître leur *vertu* et à ne pas être blâmés par Notre-Seigneur, à l'image des *Pharisiens aveugles* de cœur [8], qui ne purent *connaître les Écritures, ni la puissance de Dieu* [9], faute de les avoir scrutées et d'en avoir atteint le fond par (leur) savoir. Car elles attestent fermement et nous proclament bien haut la parfaite confession de Dieu, en nous instruisant, aussi exactement que nous pouvons le saisir à présent, sur l'Essence divine et sur l'adorable Économie corporelle du Christ Notre-Seigneur.

[8] C'est la sagesse mystique des parfaits : écoutons-la donc mystiquement! Qu'aucun étranger selon l'esprit n'approche de son mystère : *A moi le mystère!* dit Dieu, *à moi le mystère! à moi le mystère,* et à mes familiers [10]! Que celui que sa *stupidité* rend aussi

1 Cfr *Eccli.,* XLII, 21. 2 *Hébr.,* XI, 6. 3 *Rom.,* X, 17. 4 Cfr *Hébr.,* IV, 12; *Matth.,* XIII, 44-45. 5 *Eccli.,* VI, 15-16. 6 Cfr *Jean,* XI, 25. 7 Cfr *Hébr.,* IV, 12. 8 *Matth.,* XXIII, 26. 9 *Matth.,* XXII, 29. 10 *Is.,* XXIV, 16?

inintelligent qu'un animal [1] passe outre, *sans approcher du pied de la montagne* de la foi, où Dieu parle, de peur de *se faire lapider* [2]. Et que celui qui est entré dans l'intimité de Dieu, mais qui n'est pas encore bien purifié, *se lave* tant bien que mal par la pureté, afin d'être éclairé par *la vision* de Dieu et par l'audition des paroles de sa foi [3]; mais que celui-là *se tienne* encore *au pied (de la montagne)*, car il ne peut soutenir tout le discours de Dieu, et qu'il observe de loin sa grande vision [4]. Il n'est capable d'apercevoir qu'un peu du scintillement de sa gloire, et d'entendre sa voix de loin. Qu'il s'(en) instruise (plus) exactement auprès de celui qui peut *gravir la montagne* de la foi jusqu'à (Dieu), grâce à sa grande pureté [5], se voiler au siècle avec lui dans *la nuée* [6], *resplendir de gloire* à sa vision et en être instruit pour l'enseigner aux autres [7].

[9] Mais celui-là même aura beau s'enhardir à scruter *la gloire* de l'Inaccessible [8], il lui sera répondu que nul *n'en est capable* [9]; et s'il s'efforce de l'apercevoir comme à travers un voile, il ne pourra *entrevoir* que *l'arrière* du visage de l'Inconnu [10], et il apprendra que Dieu est vraiment inaccessible. On ne peut que croire qu'il existe, qu'il existe essentiellement, et que son nom est éternel [11]. Il est *Seigneur, héros et preux* [12], * indéfectiblement puissant (* p. 12) et fort, capable de tout ce qu'il veut, créateur, cause de l'univers, gouverneur de tout ce qui a été fait [13], *maintenant* et gouvernant *l'univers par la vertu de sa parole* [14] et *réalisant toute chose au gré de son bon plaisir* [15]. Il est *bon*, plein de *miséricorde* [16], dispensateur de tous les biens [17], jaloux et juste *juge* [18], *seul sage* [19] et dispensateur *universel* de *sagesse* [20], *vivant* [21] et *dispensateur universel de vie* [22], *esprit* [23] simple, immuable et invariable [24], *caché* dans son Essence [25], qui n'a *jamais* été ni ne sera (jamais) *vu* [26], nature unique, que l'on confesse dans les trois hypostases, égales et indivises, du Père, du Fils et de l'Esprit-Saint, qui demeurent l'une

1 *Ps.* XLIX, 12. 2 *Ex.*, XIX, 12-13. 3 *Ibid.*, 22. 4 *Ibid.*, 17. 5 *Ibid.*, 20. 6 *Ex.*, XXIV, 15-16. 7 *Ex.*, XXXIV, 29-32. 8 *Ex.*, XXXIII, 18. 9 *Ibid.*, 20. 10 *Ibid.*, 21-23. 11 Cfr *Ps.* CXXXV, 12. 12 *Ps.* XXIV, 8. 13 Cfr *Ps.* CXXXV, 5-6; *Eccli.*, XLII, 17. 14 *Hébr.*, I, 3. 15 *Éph.*, I, 11. 16 *Ps.* CVI, 1; *Ex.*, XXXIV, 6. 17 1 *Tim.*, VI, 17. 18 *Ps.* VII, 11. 19 *Rom.*, XVI, 27. 20 *Eccli.*, I, 1. 21 *Nombres*, XIV, 21. 22 1 *Tim.*, VI, 13. 23 2 *Cor.*, III, 17. 24 Cfr *Jacques*, I, 17. 25 *Is.*, XLV, 15. 26 *Jean*, I, 18.

dans l'autre inséparablement mais distinctement, et sans être circonscrites par rien.

[10] O prodige ineffable! on croit en *un seul Dieu* [1] et on le confesse trine, mais sans que l'unité supprime la trinité, ni la trinité, l'unité! Car le fait qu'il n'y a qu'*un seul Dieu* [2] n'implique pas qu'il n'y ait aussi qu'une seule hypostase, non plus que le fait qu'il y a trois hypostases n'entraîne trois Dieux. Une est, en effet, la nature de la Divinité, distincte dans l'unité et une dans la distinction. Cela est bien admirable et profond, (et) l'explication en défie l'imagination; mais Dieu est incompréhensible en ce qui le concerne : nous savons seulement qu'*il existe* [3] et qu'il est trine; (mais) il ne nous appartient pas d'en examiner le comment, car insondable est le domaine de la Divinité.

[11] C'est une bonne chose que de regarder le soleil [4]; toutefois, nous devons le regarder modérément, car, en fixant longtemps les yeux sur lui, nous n'(en) recevrions plus de la lumière, mais bien un éblouissement, qui nous offusquerait la vue [5]; quant à celui qui a les yeux faibles, il ne peut même pas lever son regard un tant soit peu vers le (soleil), mais il doit en apprendre la beauté de quelqu'un qui a la vue saine. De même est-ce une bonne chose que nous nous efforcions de connaître Dieu; scrutons toutefois les Écritures de l'Esprit modérément, dans la mesure où cela nous a été donné, avec la lampe de la foi [6]; et que celui qui a la force de comprendre les pensées et la sagesse qu'elles contiennent s'y applique, afin que les autres puissent s'(en) instruire auprès de lui [7].

* p. 13 [12] Veux-tu donc connaître le *mystère* de la *sagesse* * *tenue cachée dès avant les siècles en Dieu, qui a tout créé* [8]? Crois au Père, au Fils et à l'Esprit-Saint, nature sans commencement, existant depuis toujours. Le Père (est) celui qui existe sans principe, c'est-à-dire, sans cause : il est éternellement engendrant; le Fils (existe comme) causé par lui, engendré selon l'essence; l'Esprit-Saint (existe comme) causé, semblablement au (Fils, et) procédant depuis toujours [9]. Le Père n'est pas engendré et ne procède pas : il n'est qu'engendrant; le Fils n'engendre pas et ne procède pas : il n'est qu'en-

1 1 *Cor.*, VIII, 6. 2 *Ibid.* 3 *Hébr.*, XI, 6. 4 Cfr *Eccl.*, XI, 7. 5 Cfr *Eccli.*, XLIII, 4. 6 Cfr *Rom.*, XII, 3. 7 Cfr 1 *Pierre*, IV, 10. 8 *Éph.*, III, 9-10. 9 Procédant du Père (cfr ci-dessous, § *15*).

gendré; l'Esprit-Saint n'engendre pas et n'est pas engendré : il n'est que procédant [1].

[13] Cela, tu as à le croire et à l'adorer, à en rendre grâces et louanges mais non pas à en scruter le comment; car comprendre comment le Fils et l'Esprit sont causés par le Père comme par (leur) principe sans lui être étrangers ni inférieurs, cela dépasse la compréhension des créatures. C'est qu'il est ardu de réfléchir sur la Divinité; quant à l'exprimer, c'est totalement impossible; ou plutôt, les deux sont impossibles : on ne peut ni se représenter comment est Dieu, ni l'exprimer tel qu'il est; il est ineffable pour le langage et inconcevable pour l'esprit. Il ne se confie qu'au *cœur pur,* car la *pureté de cœur voit Dieu* par la foi [2].

[14] Si toutefois quelqu'un avait besoin de l'appui d'une comparaison, à propos de celui dont la nature est incomparable, que (celui-là) se contente de (l'image) du globe solaire et de son âme à lui. L'un possède (en propre) la radiation et la chaleur, et l'autre, le verbe et la vie; en effet, on n'a jamais vu le globe solaire sans sa radiation et sa chaleur, pas plus que l'on ne (peut) concevoir l'âme sans son verbe et sa vie. Or, tout en étant cause des (propriétés) qui (émanent) d'eux, l'âme et le globe ne les précèdent pas d'un instant, (si) court (soit-il) ; et ces (propriétés), tout en naissant et procédant d'eux, n'en sont absolument pas différentes, mais demeurent avec eux et en eux.

[15] Applique-moi maintenant cette comparaison aux hypostases glorieuses de la sainte Trinité, de même nature et de même dignité. Par manière de comparaison, remplace-moi le globe et l'âme par le Père, qui est * cause, en tant que principe du Fils et de l'Esprit. * p. 14
Rapproche la radiation et le verbe du *Verbe* de Dieu, qui *était au commencement* avec le Père [3] et qui est la *radiation de sa gloire et l'image de son Essence* [4]. Compare encore à la chaleur du soleil et à la vie de l'âme le Saint-Esprit, vivant et dispensateur de vie, qui procède du Père [5]. Tout en procédant de lui de façon atemporelle,

[1] Procédant du Père (cfr ci-dessous, § *15*). [2] *Matth.*, V, 8; cfr *Is.*, LXVI, 1-2. [3] *Jean*, I, 1. [4] *Hébr.*, I, 3. [5] Cette formule trahit l'influence du symbole de Nicée-Constantinople, sans signifier pour autant le rejet du *Filioque*: les Nestoriens n'ont pas connu la querelle qui sépare sur ce point les Églises grecque et latine; certains enseignent la double procession du Saint-Esprit (cfr G. P. BADGER, *The Nestorians and their Rituals*, ed. by J. M. W. NEALE, t. II, Londres, 1852, p. 79).

(l'Esprit) demeure avec lui et en lui, de façon incompréhensible, de même que le Fils, tout en étant engendré du (Père) sans (intervalle de) temps, de façon inexplicable, demeure en lui et *auprès de* lui [1], de façon indéfinissable.

[16] Car le temps est aussi étranger au Fils et à l'Esprit qu'il l'est au Père. Si quelqu'un s'enquiert sottement du moment auquel le Fils est engendré ou auquel l'Esprit procède, on lui répondra sagement, suivant le mot de nos Pères [2] : « C'est lorsque le Père est non engendré et non procédant [3] ! » Car aussitôt que tu conçois le Père comme non engendré, le Fils est conçu corrélativement comme engendré, et de même l'Esprit-Saint comme procédant, suivant la comparaison énoncée plus haut, sans que soit conçu entre eux le moindre espace de temps. Car ce qui se conçoit dans un temps, si bref soit-il, n'est pas Dieu, Dieu existant essentiellement, et ce qui est essentiel existant éternellement, par-dessus les temps.

[17] Cela est, certes, ardu à imaginer. Je le sais, c'est ardu, ou plutôt, c'est incompréhensible ; car dans la mesure où ce que l'on dit de Dieu est plus parfait, dans cette même mesure cela est plus ardu à comprendre ; pour la foi, cependant, c'est fort aisé. Crois donc, et loue ! Sans doute, finirons-nous par pénétrer quelque chose de plus au sujet de la Divinité. Nous ne pouvons le saisir maintenant à cause de l'épaisseur de cette chair mortelle, qui se dresse comme un écran entre Dieu et nous [4]. Peut-être est-ce dès maintenant beaucoup plus manifeste que pour nous aux natures supérieures et plus rationnelles, grâce à leur grande transcendance sur les (natures) inférieures, à leur proximité de Dieu, et au fait qu'elles sont exposées en pleine lumière aux rayons de sa connaissance, con-
* p. 15 formément à leur ordre * propre et à leur supériorité ; mais quant à le (connaître) exhaustivement, elles sont de reste, dans la mesure où la créature doit rester inférieure à son créateur [5].

[18] Car le grand Paul lui-même, qui fut comme elles élevé dans les hauteurs et qui s'approcha de Dieu, apercevant, dans une révélation de l'Esprit, le mystère de l'intimité divine [6], confesse *ne*

1 Cfr *Jean*, I, 1. 2 Cfr, par ex., S. Grégoire de Nazianze, *De dogm. et const. episc.*, X (PG, 35, 1077 A), ou encore : *Or. XXXI, theol. V., de Spir. Sancto, IV* (PG, 36, 137 A). 3 C'est-à-dire « depuis toujours », éternellement ; et donc génération et procession sont également éternelles. 4 Cfr 1 *Cor.*, XIII, 12. 5 Cfr 1 *Tim.*, VI, 16. 6 Cfr 2 *Cor.*, XII, 2-4.

connaître encore *que bien peu,* et attend le moment où il *connaîtra* enfin *comme il a été connu* [1]. Qui donc s'enhardirait à sonder davantage la Nature insondable, qui éblouit dans leur investigation les natures invisibles elles-mêmes, ainsi que les humains revêtus de l'Esprit!

[19] Telles sont donc les lumières que nous avons reçues, pour notre part, des divines Écritures, touchant l'Essence béatifiante qu'est la nature adorable, glorieuse et bienheureuse du Dieu *très-haut et sublime, qui demeure éternellement, dont le nom est saint, et saint le séjour* [2]; et c'est pour nous une chose bien grande que d'en avoir été rendu digne, et nous lui rendons grâces en (le) louant : *Béni soit l'honneur du Seigneur au lieu de son (séjour)* [3]*!* Et maintenant), nous le prions en lui demandant qu'il nous accorde d'être éclairé par la connaissance (qu)'il nous a enseignée dans les Écritures de son Esprit, afin que nous (puissions) parler également de l'Économie glorieuse, admirable et salutaire de notre Sauveur le Christ, c'est-à-dire, afin que nous connaissions le mystère de l'union suprêmement ineffable de Jésus, notre Dieu, dans la mesure où il nous persuadera de professer la saine profession, suivant la prédication de ses authentiques (hérauts) [4].

[20] Et quelle lumière rayonne jusqu'à nous à ce sujet, venant de Paul, le héraut de l'Esprit, sinon (ces paroles) : *L'image de Dieu* [5], dit-il, c'est-à-dire, le *Dieu Verbe* [6], l'*unique Fils de Dieu* [7], parfait en tout comme le Père et l'Esprit, *s'est anéanti* [8], c'est-à-dire, a voilé la gloire de sa divinité, s'est abaissé vers nous, par bienveillance et par amour pour son Père [9], *a pris* de notre race *l'image de l'esclave* [10], c'est-à-dire, une nature parfaite, semblable à nous *en toute chose, hormis le péché* [11], l'a façonnée miraculeusement par l'*Esprit-Saint,* de la *Vierge Marie,* sans la semence de l'*homme,* et y a habité en union depuis l'*annonciation* de l'*Ange* [12], comme dans le *temple* * glorieux de sa seigneurie [13], dirigeant sa * p. 16

[1] 1 *Cor.*, XIII, 12. [2] *Is.*, LVII, 15. [3] *Éz.*, III, 12. [4] Pour l'interprétation de la christologie de Martyrius telle qu'il la développe dans les pages suivantes, nous nous permettons de renvoyer à notre article : A. DE HALLEUX, *La christologie de Martyrios-Sahdona dans l'évolution du nestorianisme* (*Orientalia Christiana Periodica,* 23 [1957], p. 5-32). [5] *Phil.*, II, 6. [6] *Jean,* I, 1. [7] *Ibid.*, 18. [8] *Phil.*, II, 7. [9] Cfr *Hébr.*, X, 5-7; 1 *Jean,* IV, 9. [10] *Phil.*, II, 7. [11] *Hébr.*, IV, 15. [12] Cfr *Luc,* I, 27, 34-35. [13] Cfr *Jean,* II, 19-21.

croissance au-dedans du sein comme aussi au-dehors par après, selon toutes les règles de la nature, hormis le mariage : *Jésus,* dit (l'Écriture), *croissait en âge, en sagesse et en grâce devant Dieu et les hommes* [1].

[21] En s'unissant donc de façon sublime cette nature de notre humanité depuis le début de sa formation et à jamais, le Dieu Verbe l'a faite avec soi une unique hypostase [2] et (un unique) *prosopon,* dans une union merveilleuse (et) indicible; il l'a remplie de la *gloire* de sa divinité et s'est fait voir à la créature dans l'image de cette (gloire) : *Nous avons vu sa gloire,* dit (l'Écriture), *gloire semblable à celle du (Fils) unique (né) du Père, plein de grâce et de vérité* [3].

[22] En effet, puisque le Dieu Verbe a revêtu un corps humain, (qu')il a joint l'honneur de son hypostase à du visible et (que) c'est sous les dehors de celui-ci qu'il s'est fait voir dans le monde en se manifestant sans cesse sous ces (dehors), c'est désormais l'unique *prosopon* et hypostase du Fils qu'est pensé et dit (être) l'assumant et l'assumé.

[23] Car, bien qu'il ait aussi parfaitement que (n'importe) qui d'entre nous la nature même de l'homme, c'est-à-dire, un corps et une âme, cependant cette même nature est le *temple* [4] du Dieu Verbe qui s'y manifeste; elle rend manifeste son assumant et perceptible son *prosopon*; jamais on ne la voit à part soi, en sorte que son *prosopon* à elle seulement, sans la divinité qui l'habite, se manifesterait à l'observateur. En effet, bien que l'assumé soit parfait quant à sa nature, il ne se présente cependant pas aux observateurs dans ses propres dimensions, mais tout (en lui) est élevé vers son assumant, comme une robe vers celui qui la revêt, et comme la pourpre vers le roi. Si, en effet, (l'assumé) était connu à part soi, séparément, en étant isolé de son assumant, on parlerait de deux *prosopa* et de deux Fils; mais maintenant, étant donné qu'il est élevé vers Dieu par l'union, le *prosopon* de la divinité est manifesté par *la forme de l'esclave* [5], et un est le *prosopon* du Fils, et non pas deux. Deux, il l'est en nature, Dieu et homme; un, (il l'est) par la filiation. Les natures sont deux, et

1 *Luc,* II, 52. 2 *Qenōmā.* 3 *Jean,* I, 14. 4 *Jean,* II, 19-21.
5 *Phil.,* II, 7.

distinctes par (leurs) propriétés; le *prosopon* * est un, et égal en filiation; et, encore qu'il soit distinct par ses natures, il est dit être dans chacune d'elles par l'union, sans être divisé en deux. * p. 17

[24] Ce que l'on conçoit, en effet, c'est que *le* Dieu *Verbe s'est fait chair*[1]; mais une est la chair, et non deux, puisque c'est par son inhabitation dans la chair que (le Verbe) est dit s'être fait chair, et non en nature. Et la chair, de son côté, est appelée Fils; mais il n'y a pas deux Fils, puisque c'est par la filiation du Dieu (Fils) unique qu'elle est Fils, et non séparément.

[25] Car c'est une grande et admirable union de Dieu et de l'homme, et c'est pourquoi chacune des natures est dite participer aux (propriétés) de sa compagne, — sans perdre les siennes propres et sans se transformer, — celle-là étant appelée celle-ci, et celle-ci celle-là, en raison de l'union. En effet, le Dieu Verbe a accepté d'être appelé dans l'union ce qu'est l'homme par nature, et il a accordé à l'homme d'être dans l'union ce qu'il est lui-même par nature, en sorte que le Fils de Dieu, le Dieu Verbe, soit appelé Fils de l'homme à cause de la nature humaine qu'il a assumée, et que le Fils de l'homme, cette nature (assumée) d'entre nous, soit l'unique Fils de Dieu, à cause du Dieu Verbe qui l'a assumée; (ou encore), que *celui qui est descendu* soit *le même que celui qui est monté*[2], en raison de la manifestation et de l'inhabitation, et que celui qui est *sur la terre* soit dit le même que celui *qui est au ciel*[3], en raison de l'honneur et de la glorification. Et l'unique *prosopon* du Seigneur Christ est, le même, *Fils de Dieu* et *Fils de l'homme*[4], les natures respectives de Dieu et de l'homme restant parfaites dans cet unique *prosopon* du Fils, qui (existe) dans l'union, avec toutes leurs (propriétés), sans séparation ni confusion, depuis l'annonciation et à jamais.

[26] Les souffrances et les faiblesses appartiennent, selon la nature, au corps (né) de Marie; les miracles et les hauts faits appartiennent en propre au Verbe (né) du Père; mais dans l'union, c'est au même et unique *prosopon* du Fils et Seigneur Christ qu'appartiennent et les souffrances de l'humanité et les miracles de la divinité, ainsi que les paroles majestueuses ou humbles qui les con-

[1] *Jean*, I, 14. [2] *Éph.*, IV, 10. [3] *Jean*, III, 13. [4] Cfr *Jean*, I, 34; III, 13, etc.

cernent, car c'est le même Fils qui a prononcé et réalisé dans son Économie les uns et les autres par ses deux natures parfaites; non cependant sous le même rapport, mais sous des rapports différents, * p. 18 * selon l'ordre de la nature. En effet, ce n'est pas sous le rapport sous lequel il supportait des souffrances et se voyait *détruire* par la mort venant des Juifs qu'il *faisait les* mêmes *œuvres* que *le Père* et qu'il *ressuscitait* avec lui (son) *corps*[1]. Ce n'est pas non plus en vertu de ce qu'il était égal au Père[2] et *antérieur à Abraham*[3] qu'il *croissait,* se développait et mûrissait *en âge, en sagesse et en grâce*[4]. Mais ce qui supportait les souffrances et se voyait *détruire,* c'était le *temple* qui avait été entrepris, édifié, achevé et parfait dans le temps; et celui qui le *ressuscitait,* c'était le *Verbe Dieu,* son occupant, égal au Père et existant avec lui et comme lui dès avant les siècles[5].

[27] Néanmoins, le temple et son occupant sont un unique *prosopon* et (une unique) hypostase, comme une maison et son occupant, ou comme un vêtement et celui qui le revêt; il n'est pourtant pas dissocié comme ceux-là, puisqu'il n'est pas tantôt habitant et tantôt isolé, mais que c'est constamment qu'il y habite et y resplendit, qu'il y est honoré et adoré par toute la création, sans en être isolé ou dissocié, mais en constituant avec lui un unique *prosopon,* indissociablement, immuablement et inséparablement, dans une unique adoration et dans une unique glorification.

[28] Mais il nous faut également indiquer ceci : ce *prosopon* du Christ, (existant) dans l'union, lequel fait connaître l'union et non pas une essence[6] composée de deux natures, mais l'élévation à la glorification accordée (à l'assumé) en raison de la manifestation (qu'il fait de l'assumant, ce) *prosopon* est un *prosopon* hypostatique des natures, et non un *(prosopon)* fictif et emprunté, qui serait éloigné de celui à qui il appartient. Il n'est pas, en effet, un composé naturel (aboutissant) à une essence[6] à partir des deux natures, ni non plus un *(prosopon)* fictif et emprunté, qui serait éloigné de l'une d'elles, à la manière des portraits ou des ambassadeurs, lesquels remplissent le rôle[7] d'un absent.

1 *Jean,* x, 25, 38; ii, 19-21. 2 *Jean,* x, 31. 3 *Jean,* viii, 58. 4 *Luc,* ii, 52. 5 *Jean,* ii, 19-21; i, 1. 6 Litt. : « une ousie » (οὐσία). 7 Litt. : « le *prosopon* ».

[29] Car une peinture, tout en représentant le portrait d'un homme, n'est pas un homme en nature; de même qu'un ange ou un ambassadeur, tout en portant, l'un le *prosopon* de Dieu, et l'autre le *prosopon* du roi, ne sont vraiment ni Dieu ni roi. Mais chez Notre-Seigneur * le Christ il n'en va pas ainsi; c'est vraiment qu'il * p. 19 est dans les deux, dans ce qui se voit et dans ce qui se (doit) scruter, car les natures sont proches et unies l'une à l'autre; et (ce qui) est manifesté dans les deux, (c'est) le *prosopon* hypostatique de la filiation (divine), non isolé de la réalité de ses natures.

[30] En effet, puisque le Dieu Verbe s'est uni à un homme et s'est fait homme avec sa nature et son *prosopon*, c'est comme de son propre *prosopon* qu'il se sert de l'homme; et d'autre part, puisque l'homme a été vraiment uni avec sa nature au Dieu Verbe et est devenu Dieu, il se manifeste dans le *prosopon* de Dieu comme dans le sien propre; et chacun d'eux est, sous deux rapports, Dieu et homme : sous l'un par nature, et sous l'autre, par l'union; et, bien que chacun d'eux possède la spécificité de sa nature, ils ne sont pas deux *prosopa*, mais un (seul) *prosopon*, car chacun d'eux se sert comme de son (bien) propre de celui de son compagnon; et (ce *prosopon*) est naturel, et non fictif, par suite de l'union indissociable des deux natures.

[31] Lorsqu'il disait, en effet : *Mon Père et moi nous sommes un*[1], et : *Qui m'a vu a vu le Père*[2], et : *Avant qu'Abraham fût, je suis*[3], et : *Détruisez ce temple : en trois jours, je le relèverai*[4], et le reste du même genre, c'est par le *prosopon* naturel du Dieu Verbe, qui était proche et inhabitait, qu'il parlait, et non par (un *prosopon*) emprunté, qui (en aurait été) isolé. Et lorsqu'il disait, par contre : *Mon Père est plus grand que moi*[5], et : *Vous cherchez à me tuer, (moi), l'homme qui vous ai entretenus de la vérité telle que je l'ai entendue de Dieu*[6], et : *Mon Dieu, pourquoi m'as-tu abandonné*[7]*!* et le reste du même genre, c'est des dehors de celui que l'on voyait et qui est vraiment un homme en nature qu'il se servait comme *prosopon*, et non d'une chimère.

[32] C'est pourquoi le *prosopon* est naturel, et unique est le Fils sous les deux rapports : *Le Dieu (Fils) unique*, dit (l'Écriture), *celui-là qui est dans le sein de son Père, voilà celui qui a fait*

1 *Jean*, X, 30. 2 *Jean*, XIV, 9. 3 *Jean*, VIII, 58. 4 *Jean*, II, 19.
5 *Jean*, XIV, 28. 6 *Jean*, VIII, 40. 7 *Matth.*, XXVII, 46.

connaître[1]. Or celui *qui a fait connaître* était *homme* par son caractère visible; et comment (peut-il) être *(Fils) unique*, et *dans le sein du Père*, celui-là qui est l'*aîné de nombreux frères*[2], et qui * p. 20 est (né) de Marie et de * son sein? Quelle union admirable (et) indicible! alors que *personne n'a jamais vu Dieu*[3], celui que l'on voit et qui parle dit : *Je suis en mon Père et mon Père est en moi*[4], et : *Qui me voit a vu le Père*[5], et encore : *Et quand vous verrez le Fils de l'homme monter là où il était auparavant*[6]*!* et : *Nul n'est monté au ciel, sinon celui qui est descendu du ciel, le Fils de l'homme, celui-là qui est au ciel*[7].

[33] Car c'est le corps qui est *monté au ciel* en se déplaçant; il n'existait pas auparavant[8], et il n'est pas davantage *descendu du ciel*[9], mais il est de la *race* d'*Abraham*[10]; alors qu'il marchait sur terre, il n'était pas au ciel, comme aussi une fois *élevé au ciel*[11], il n'est plus sur terre corporellement. Mais c'est par suite de son union sublime et de sa grande conjonction avec le *Dieu Verbe, qui était au commencement dans le sein de son Père*[12], (et) *qui est descendu du ciel*[13] sans se déplacer, — car il y est, et il est sur terre et en tout lieu, sans limite, — (c'est par suite de cette union avec Dieu que le corps) est dit participer avec lui à ses (propriétés), tout comme Dieu (participe) aux siennes : *Celui qui est descendu*, dit (l'Écriture), *c'est lui qui est aussi monté par-dessus tous les cieux, afin d'accomplir toute chose, et c'est lui qui a donné les dons à son Église*[14] *avec* laquelle il (demeure) *tous les jours jusqu'à la fin du monde*[15]. Amen.

[34] Telle est donc la vraie foi qui nous a été annoncée par Dieu dans les Écritures, et que nous avons exprimée très brièvement, à cause de son profond secret et de sa haute élévation; car vraiment, elle est ardue à exprimer et ardue à contempler, étant le *mystère* secret et *caché en Dieu*[16]; mais pour l'esprit croyant limpide et droit, elle est simple et claire. Que nul ne s'acharne donc à la sonder, de crainte de périr[17]. Il est ardu et secret, le mystère de l'union; il n'est manifeste et évident qu'en partie. Que nul ne descende au

1 *Jean*, I, 18. 2 *Rom.*, VIII, 29. 3 *Jean*, I, 18. 4 *Jean*, XIV, 10. 5 *Ibid.*, 9. 6 *Jean*, VI, 22. 7 *Jean*, III, 13. 8 *Jean*, VI, 22. 9 *Jean*, III, 13. 10 *Gal.*, III, 16. 11 *Actes*, I, 11. 12 *Jean*, I, 1, 18. 13 *Jean*, III, 13. 14 *Éph.*, IV, 10-12. 15 *Matth.*, XXVIII, 20. 16 *Éph.*, III, 9. 17 Cfr *Ex.*, XXXIII, 20.

plus profond de ses profondeurs sans avoir pour le porter le radeau de la foi, (sans quoi) il n'atteindrait pas ses grandes profondeurs, et se perdrait lui-même en les sondant; car (ce mystère) n'est pas une entreprise humaine, que tu pourrais scruter, ô homme, (mais bien) une prodigieuse œuvre divine, que (nul) ne peut sonder!

* [35] Le divin Paul lui-même, qui a (pourtant) *l'esprit du Christ* [1], n'ose pas sonder son mystère, — or il avait en lui *l'Esprit* de Dieu, *qui sonde ses profondeurs* [2]*!* — mais il se contente d'admirer sa grandeur, en disant : *Vraiment, il est grand, le mystère de la justice, qui a été manifesté dans la chair, justifié dans l'esprit, vu des anges, proclamé parmi les nations, cru dans le monde, élevé dans la gloire* [3]*!* Crois donc, toi aussi, avec le monde, sans scruter le mystère! * p. 21

[36] Mais si tu t'ingénies à rechercher comment Dieu et l'homme sont deux natures et un *prosopon* sans que l'unité supprime la dualité, ni la dualité l'unité, commence par rechercher, (en) ce qui te concerne, comment toi, corps et âme, tu es deux natures et une hypostase, sans que l'unité détruise la dualité, ni la dualité l'unité; comment le rationnel plus l'irrationnel font un (seul être) rationnel, et le mortel plus l'immortel un (seul être) mortel; comment les facultés de l'âme se conjuguent avec celles du corps sans se confondre les unes avec les autres; comment la voix du corps plus l'intelligence de l'âme font une (seule) parole; comment la sensation des membres plus le jugement de l'intelligence font une seule décision; et si tu ne peux comprendre le mystère de ta propre union naturelle, (savoir), comment elle demeure distincte dans l'unité et une dans la distinction, comment (oseras-tu encore) scruter le mystère de l'union divine du Fils!

[37] Ses actions miraculeuses sont elles-mêmes insondables; que dire alors du mystère de son union! Dis-moi (donc) : comment multipliait-il le pain sur les bras de ses disciples [4]? comment transformait-il l'eau en vin [5]? comment créait-il des yeux à l'aveugle avec son doigt humain et sa salive [6]? comment foulait-il la molle surface de la mer avec des pieds pesants [7]? comment pénétrait-il par des *portes closes* avec un corps matériel [8]? comment montrait-il

[1] 1 *Cor.*, II, 16. [2] *Ibid.*, 10. [3] 1 *Tim.*, III, 16. [4] *Matth.*, XIV, 19-20. [5] *Jean*, II, 7-8. [6] *Marc*, VIII, 23-25. [7] *Matth.*, XIV, 25. [8] Litt. : « composé ». *Jean*, XX, 20.

l'endroit de la lance et *des clous* dans son corps immortel[1], et * p 22 *mangeait-il devant* ses disciples[2]? Peux-tu sonder * cela, ainsi que le reste du même genre?... (Mais) alors, comment (veux-tu) sonder l'union qui transcende toute pensée!

[38] Gardons-nous donc bien de nous aventurer sur ce point en dehors de ce que les Apôtres nous ont annoncé par l'Esprit dans les Écritures, et que les docteurs postérieurs nous en ont expliqué, à savoir que le Dieu Verbe et l'homme (assumé) d'entre nous, deux natures vraiment complètes et parfaites, sont, par l'union ineffable, l'unique *prosopon* du Fils et Seigneur Christ, le Dieu suprême. Gloire à lui à jamais! Amen.

[39] En dehors de cela, *ni l'Église de Dieu ni nous-même n'avons coutume* de rien recevoir[3]. Tel est l'énoncé de la foi que nous prêchons, suivant que nous l'ont inculquée nos Pères spirituels, les docteurs orthodoxes, nos maîtres, ces élus du Christ, persécutés pour sa vérité, ces vivants témoins de Dieu[4], qui (nous) inculquent chaque jour jusqu'à présent, comme (s'ils étaient encore) vivants, leur foi orthodoxe, celle que tient et professe l'Église, suivant la doctrine de l'orthodoxie qu'elle a reçue des Apôtres (dès le) début.

[40] Elle croit et elle espère en la vie future, (c'est-à-dire) en *la résurrection à la vie* du royaume céleste pour *ceux qui font le bien,* et en la *résurrection au jugement* de la géhenne pour *ceux qui font le mal,* suivant la sûre doctrine du Christ, son Seigneur : *L'heure vient,* dit-il, *où tous ceux qui (gisent) dans la tombe en sortiront à l'appel de la voix (du Fils de l'homme); ceux qui auront fait le bien ressusciteront pour la vie, et ceux qui auront fait le mal ressusciteront pour le jugement*[5], ressuscitant intégralement, corps et âme, sans que rien leur soit retranché.

[41] Ils déposeront la corruption et *revêtiront l'incorruptibilité,* en sorte de devenir *immortels* et incorruptibles dans (leur) corps, invariables et immuables dans (leur) âme : *Cet (être) corruptible doit revêtir l'incorruptibilité,* dit (Écriture), *et cet (être) mortel (doit) revêtir l'immortalité*[6]. Rien ne restera d'eux dans les enfers, et l'aspect harmonieux de leurs proportions ne sera point modifié, * p. 23 mais ils ressusciteront intégralement, avec tous leurs membres * (et)

1 *Jean,* xx, 25, 27. 2 *Luc,* xxiv, 43. 3 1 *Cor.,* xi, 16. 4 Cfr *Matth.,* x, 18. 5 *Jean,* v, 28-29. 6 1 *Cor.,* xv, 53.

dans leur aspect normal, *devant le tribunal du Christ,* confessant sa seigneurie et bénissant son nom, pour en être *rétribués en corps* et en âme, chacun selon ses œuvres : *Car,* dit le grand Paul, *nous devons tous comparaître devant le tribunal du Christ, afin que chacun soit rétribué dans son corps pour ce qu'il a fait, soit en bien, soit en mal* [1].

[42] Maintenons donc fermement la foi véritable de l'Église catholique, bien-aimés, et tenons-nous-y inébranlablement. Écartons-nous de la fatale indécision de l'esprit au sujet de Dieu, et de l'incertitude de la conscience touchant l'attente de la vie future, la damnation des méchants à la géhenne et les délices des bons dans le Royaume. Chassons loin de notre âme tout l'impie verbiage des hérésies corruptrices, car il corrompt l'âme et la détourne de Dieu : en déflorant son esprit de la vérité (de Dieu), il énerve ses œuvres bonnes et déprave sa conduite. Purifions comme il faut notre conscience de la vilaine horreur de leurs paroles et gardons intacte, en toute vigilance, la foi orthodoxe qui nous a été annoncée par Dieu dans les Écritures [2], puisque sans elle, nous ne pouvons point recevoir la *vie* en partage, ni être *justifiés* et *plaire à Dieu,* suivant la parole de l'Apôtre : *Sans la foi,* dit-il, *nul ne peut plaire à Dieu* [3], et encore : *C'est par la foi que l'homme est justifié* [4], et : *Le juste vivra de la foi* [5].

[43] En elle, tout chose se parfait et s'accomplit, suivant la parole de notre Sauveur : *Tout est possible à celui qui croit* [6], et : *Celui qui croit en moi, comme l'ont dit les Écritures, non seulement vivra et sera justifié, mais des fleuves d'eau vive jailliront de son sein* [7]. O foi, qui rends la *vie* aux *morts* eux-mêmes, et qui maintiens les vivants immortels ! *Quiconque croit en moi, fût-il mort, vivra, et quiconque vit et croit en moi ne goûtera jamais la mort* [8], a dit (Notre-Seigneur).

[44] Elle *justifie* le *cœur* de celui qui la garde pure, et *vivifie* la *bouche* qui l'*annonce* correctement [9]; elle *remet les péchés* et préserve de la damnation éternelle; elle chasse toutes les *maladies* et * accorde une vie de *santé* [10]; elle enseigne des *langues nouvelles* (* p. 24) et confère le savoir spirituel [11]; elle *met en fuite les démons,* foule

1 2 *Cor.*, V, 10. 2 Cfr 2 *Tim.*, II, 16-18; III, 14, etc. 3 *Hébr.*, XI, 6.
4 *Rom.*, III, 28. 5 *Rom.*, I, 17. 6 *Marc*, IX, 23. 7 *Jean*, VII, 38.
8 *Jean*, XI, 25-26. 9 *Rom.*, X, 10. 10 *Jacques*, V, 15. 11 *Marc*, XVI, 17.

aux pieds les *serpents* et tout reptile fatal, et neutralise les *poisons mortels* [1]. La foi (nous) a tous ceints d'un diadème, elle a *vaincu* par sa puissance tous *les royaumes* du siècle, subjugué leurs tyrans, *anéanti les armées ennemies, éteint la violence du feu, muselé la bouche des fauves,* opéré des *résurrections de morts* [2], et réalisé toutes (sortes de) signes et de prodiges dans le ciel et sur la terre. Tout cela s'est fait et se fera par la foi, sans laquelle nul ne s'est (jamais) distingué ni n'a été justifié, et ne pourra davantage se distinguer ni être justifié [3].

[45] Car c'est par *la foi,* l'Apôtre en témoigne, que tous les justes et les saints ont *plu à Dieu* et se sont distingués, depuis le *juste Abel* jusqu'au dernier de tous [4]. *Vivons-en donc,* nous aussi [5], et soyons *justifiés par elle* [6]; ne nous *décourageons* pas dans les tribulations et les fatigues (à soutenir) pour elle, afin de ne pas être rejetés (loin) du *bon plaisir* de Dieu, qui dit du juste : *Il vit par la foi, et s'il se laisse décourager, mon âme ne se complaira point en lui* [7]*;* mais repoussons loin de nous le *découragement, qui mène à la perdition,* et conservons la ferme persévérance de *la foi, qui nous sauvegarde notre âme* [8]. Combattons pour elle jusqu'à la mort, en l'attestant extérieurement par des œuvres bonnes et en scellant sa vérité par une conduite vertueuse, afin que sa véritable pureté y scintille comme de l'or, et que leur parfaite beauté y étincelle comme la lumière [9].

[46] D'ailleurs, de (la foi et des œuvres), l'un ne peut pas subsister et se maintenir sans l'autre, car *la foi sans les œuvres est morte* [10] comme un corps sans âme, tandis que les œuvres sans la foi sont bien vaines et stériles, *nulle chair n'étant justifiée par les œuvres* [11]. En effet, la foi seule est aussi le fait des *démons,* suivant qu'il est dit qu'*eux aussi croient, et ils tremblent* [12]; et pareillement, de vaines sectes, qui maltraitent impitoyablement le corps par de dures fatigues, accomplissent, elles aussi, les œuvres seules. Mais les * p. 25 deux sont stériles et inutiles * sans leur accord et leur composition mutuels. Armons-nous donc également des deux comme d'une solide *armure* [13], et *approchons-nous* de la gloire de la perfection, suivant

1 *Marc,* XVI, 17, 18. 2 *Hébr.,* XI, 33-35. 3 Cfr *Gal.,* II, 16; *Hébr.,* XI, 6. 4 *Ibid.,* 4-32. 5 *Hébr.,* X, 38. 6 *Rom.,* III, 28. 7 *Hébr.,* X, 38. 8 *Ibid.,* 39. 9 Cfr 1 *Pierre,* I, 7. 10 *Jacques,* II, 21. 11 *Rom.,* III, 20. 12 *Jacques,* II, 19. 13 *Éph.,* VI, 11.

la parole de l'Apôtre [1], *avec un cœur sincère et avec l'assurance de la foi, les cœurs rincés et purifiés de la mauvaise intention, et le corps lavé d'une eau pure; et persévérons indéfectiblement à confesser notre espérance, car celui qui nous a fait la promesse (l')accomplira fidèlement.*

[47] Gloire à lui, et puisse-t-il nous *garder* à jamais *dans sa vérité* [2]*!* Amen.

[1] (CHAPITRE) TROISIÈME. — De l'espérance spirituelle.

[2] Possédant la foi véritable et nous employant à la *parfaire* par les *œuvres* [3], bien-aimés, nous devons aussi tenir avec elle l'espérance, comme par la droite de Dieu [4]. En effet, encore qu'elle se compose avec la foi et la foi avec elle, l'espérance n'en (reste) pas moins différente et particulière, en raison d'un genre distinct, de même que les autres vertus se composent les unes avec les autres, tout en (demeurant) distinctes. La foi commence par être plantée en l'homme, comme la racine; puis, l'espérance croît en hauteur comme le tronc, et monte jusqu'à la cime, élevant avec soi la foi, comme en des sortes de canaux, de même que la sève de la racine (monte) dans la ramure; et (la foi) se répand (ainsi) par (l'espérance) dans toutes les branches et les pousses, comme en un arbre touffu, en attendant que s'éveille d'en haut sur celui-ci le souffle [5] de la floraison pour y produire ses *fruits* à lui, *qui sont la charité*, et le reste [6].

[3] L'espérance est donc le grand *arbre* de la vertu, gonflé de la sève de la foi et produisant sur ses *branches* des *fruits* spirituels qui réjouissent Dieu et ses anges [7]. Non seulement l'Esprit de Dieu se repose et séjourne chez elle, mais *tous les oiseaux du ciel nichent* * *sur ses branches* [8], c'est-à-dire que les natures rationnelles et céles- * p. 26
tes, qui volent des ailes de l'Esprit, se réjouissent de sa croissance aimable et s'(y) reposent, le peuplant de leur volée; et *les animaux*

[1] *Hébr.*, x, 22-24. [2] Cfr *Jean*, xvii, 11-17. [3] *Jacques*, ii, 22. [4] Cfr 2 *Cor.*, vi, 7? [5] Souffle = Esprit! [6] *Gal.*, v, 22. [7] *Dan.*, iv, 9-11; *Éz.*, xvii, 23; *Gal.*, v, 22. [8] *Éz.*, xxxi, 6.

de la terre, savoir les gens du siècle, se refont aussi sous son ombre épaisse[1], car ils ont besoin qu'elle leur soit *un abri* en son Dieu *contre la chaleur*[2] des maux du siècle.

[4] Telle est l'espérance du *royaume céleste : semée* comme un *grain de moutarde* avec une foi (bien) tranchante dans le cœur bon, nettoyé et labouré, elle germe aussitôt et *devient un* grand *arbre*[3], jusqu'à parvenir au *voile du ciel* et à *s'y introduire*[4]. O espérance, grande *colonne de lumière*[5], toi qui hisses l'âme jusqu'au ciel et la présentes au Christ! O *corde* spirituelle[6] qui arrache l'esprit à la terre et l'amarre bien haut dans le ciel avec Notre-Seigneur[7], aussi inébranlablement qu'une *ancre*[8]! Fussions-nous coupés par moments de (cette corde), elle nous amarre à nouveau, et devient dans notre main comme l'appui d'un bâton secourable[9].

[5] Nous devons donc absolument maintenir la bonne *espérance qui nous est promise*[10], bien-aimés. Elle nous aide doublement : en nous relevant des chutes elle nous soutient, et en nous élevant vers le haut elle nous parfait. Affermissons-nous donc en elle, confiants dans la miséricorde de Dieu, et prenons sur elle un ferme appui, comme sur un solide bâton, avec l'aide de la grâce du Christ, de peur que la violence des passions ne nous fasse tomber par faiblesse (et) involontairement dans l'une des embûches du péché, en hommes sujets à la faiblesse et courbés sous les inclinations de (notre nature) mortelle pleine de passions; (car) alors Satan, qui se complaît à nous perdre[11], nous jetterait dans le désespoir, nous séparerait de Dieu, en réprouvés sans espérance, et nous attirerait brutalement auprès de lui, pour nous précipiter désormais ouvertement et impudemment dans le péché, comme des révoltés.

[6] Nous devons donc *maintenir* avec une inébranlable confiance *l'espérance*[12] que nous avons jadis reçue de Dieu avec la venue de son Fils bien-aimé, depuis que les anges nous l'ont annoncée pour
* p. 27 la première fois * au jour de sa naissance : *Bonne espérance aux hommes*[13]*!* car elle est pour nous, suivant le mot de Paul[14], *comme une ancre* solide et qui *amarre notre âme pour l'empêcher d'achopper*

1 *Dan.*, IV, 12. 2 *Is.*, IV, 6; *Jér.*, XVII, 8. 3 *Matth.*, XIII, 23, 31-32. 4 *Hébr.*, VI, 19. 5 *Sag.*, XVIII, 3. 6 Cfr *Jér.*, XXXVIII, 13. 7 Cfr *Col.*, III, 1-2. 8 Cfr *Hébr.*, VI, 19. 9 Cfr *Ps.* XXIII, 4. 10 *Hébr.*, VI, 18. 11 *Sag.*, I, 13. 12 *Hébr.*, VI, 18. 13 *Luc*, II, 14. 14 *Hébr.*, VI, 19.

contre les écueils du doute et les pensées accablantes du désespoir. Et non contente d'*accrocher* inébranlablement (l'âme), pour l'empêcher de tomber au fond du scepticisme et du désespoir, (l'espérance) la suspend et l'élève (bien) haut, après du *Christ, notre espérance*[1], l'introduit *derrière le voile* du firmament, dans les cieux supérieurs eux-mêmes, la place auprès du *grand-prêtre* de nos *biens*[2] qui lave nos péchés[3], prie et intercède pour nous[4], et elle lui montre, par l'œil de son esprit croyant, les biens futurs, que *l'œil n'a (jamais) vus, ni l'oreille entendus, et qui ne sont (jamais) montés au cœur de l'homme*[5].

[7] Car elle est tendue devant les yeux de notre esprit à la manière d'une chaîne spirituelle, *la bonne espérance* que nous avons reçue[6]; et si nous ne la lâchons point volontairement, tombant (ainsi) au fond de la tiédeur qui engendre la lassitude et le *découragement, lequel mène à la perdition*[7] et jette dans le gouffre du désespoir et de la séparation de Dieu, nous ne tomberons sans doute pas dans les embûches et les oubliettes du péché, pourvu que nous la tenions soigneusement; mais même s'il advenait que nous tombions par faiblesse, en mortels courbés sous (nos) inclinations, nous nous relèverions aussitôt, bien qu'inexpérimentés, dès lors que nous saisirions comme une chaîne, des mains de notre esprit, l'espérance du Seigneur; et en nous attachant à la pénitence, et en nous appuyant sur le bâton de la confiance dans le secours de Dieu, nous pourrions nous remonter du fond de (notre) déchéance dans le péché et nous hisser jusqu'aux hautes cimes de la justice.

[8] Nous avons été sauvés jadis par la *bonne espérance* qui nous a été *donnée*[8], alors que nous avions complètement péri dans le désespoir de nos péchés : *Nous avons été sauvés par l'espérance,* dit l'Évangéliste des Nations[9]; et c'est par elle que nous serons *sauvés,* maintenant encore, si nous la tenons soigneusement, le cœur confiant, en *nous glorifiant* en elle. *Glorifions-nous donc dans l'espérance de la gloire* * *de Dieu*[10]; glorifions-nous-(en) davantage encore, en *tirant gloire des tribulations* (à soutenir) pour elle, car leur *épreuve* en sera plus abondante et plus vraie[11]. Ne soyons pas * p. 28

1 1 *Tim.*, I, 1. 2 *Hébr.*, VI, 19-20; IX, 11. 3 *Hébr.*, I, 3. 4 *Hébr.*, VII, 25? 5 1 *Cor.*, II, 9. 6 2 *Thess.*, II, 16. 7 *Hébr.*, X, 39. 8 2 *Thess.*, II, 16. 9 *Rom.*, VIII, 24. 10 *Rom.*, V, 2. 11 *Ibid.*, 3.

comme les autres hommes qui ont perdu leur espérance [1] et qui *se sont adonnés avidement à la débauche et à toute la pratique de l'impureté* [2]; s'ils avaient voulu conserver l'espérance, ils auraient pu se tirer par elle des bas-fonds du péché, quelque embourbés dans sa fange qu'ils fussent.

[9] Car si celui que l'on a jeté au fond d'une fosse fangeuse peut se faire remonter grâce à une corde, tressée de minces fibres et glissée d'en haut par quelqu'un, à condition qu'il veuille bien s'y agripper [3], combien plus haut celui qui est embourbé dans la fange de la corruption, dans les bas-fonds du péché, (ne) pourra-t-il (pas) se faire remonter par la corde spirituelle de l'espérance véritable, que le Christ lui tend du ciel, et s'élever en montant jusqu'à lui, si (seulement) il le (lui) demande!

[10] *Le Seigneur se tournera* vers celui qui *espère en lui*, suivant (ce) qu'a écrit le *calame* de l'Esprit [4], et il *entendra sa requête;* il le *remontera de la fosse misérable, de la vase putride*; il l'*établira* inébranlablement *sur le roc* assuré de sa grâce sublime; il *assurera sa marche* comme il faut, pour que (le juste puisse) progresser par les degrés de son cœur jusqu'à son ciel supérieur, et il lui *mettra à la bouche une louange nouvelle* [5], afin qu'il *loue* son nom, non *sur une terre étrangère,* mais dans sa *Jérusalem* céleste, celle qui ne quitte pas son *souvenir,* mais qu'il *place* à toute heure *au sommet de ses joies* [6].

[11] Même s'il s'égare quelque peu et *qu'il tombe,* celui-là *ne se blessera pas, car le Seigneur le tient par la main* [7], et il ne sera pas abandonné de son espérance, en sorte de tomber complètement; mais il reprendra courage dans le Seigneur en disant : « Satan, mon *ennemi,* ne te *réjouis pas* [8] de m'avoir fait tomber dans le péché, car je vais *me relever,* grâce à l'espérance [9]; et si tu m'as fait séjourner dans les ténèbres, le *Seigneur* m'*éclairera* [10] ». Et de réconforter en paroles les autres aussi : « *Espérez* comme *moi dans le Seigneur,* dira-t-il, *et que votre cœur se réconforte* [11]. *Espérez en lui à toute heure, nations, et épanchez devant lui votre cœur* [12], *car heureux celui qui espère* en Dieu [13] et dont l'espérance est sans cesse dans

1 1 *Thess.*, IV, 13. 2 *Éph.*, IV, 19. 3 Cfr *Jér.*, XXXVIII, 11-13. 4 *Ps.* XLV, 1. 5 *Ps.* XL, 1-3. 6 *Ps.* CXXXVII, 4-6. 7 *Ps.* XXXVII, 24. 8 *Ps.* XXV, 2? 9 *Ps.* XLI, 8. 10 *Ps.* XVIII, 28. 11 *Ps.* XXVII, 14. 12 *Ps.* LXII, 8. 13 *Ps.* LXXXIV, 12.

le Seigneur! Celui-là a sa demeure au ciel, et son regard est fixé sur Dieu et sur ses biens. »

* [12] *Maintenons* également cette *espérance*[1], bien-aimés, et *que* * p. 29 *notre cœur se réjouisse en celui dans le saint nom duquel nous espérons*[2]. Croyons en la promesse de ses biens[3] (et) attendons-le, afin *que sa grâce descende sur nous,* qui le craignons[4]. Souhaitons constamment et convoitons, dans l'attente de notre esprit, le siècle nouveau de ses biens permanents et (de) sa joie inaltérable. Élevons-nous par notre espérance au-dessus de la terre, parcourons légèrement les espaces aériens, élançons notre vol au-dessus des nues, dépassons en hauteur la beauté des astres, soulevons le beau couvercle du firmament, entrons jusqu'au grand portail du ciel supérieur[5], séjournons dans la glorieuse lumière, çà et là, en esprit; *regardons* le Christ, notre *roi*[6] et notre Dieu, *siégeant* dans *la gloire à la droite* de son Père[7], et contemplons-le séjournant dans la *lumière* opulente et *inaccessible*[8], car il invite le *cœur pur,* nimbé de sainteté, à s'approcher pour jouir de sa *vue* à lui et de celle de son Père[9].

[13] *Approchons-nous donc avec assurance du trône de sa grâce, pour obtenir miséricorde et trouver grâce secourable pour le temps présent*[10]. Et une fois que nous nous serons approchés de lui, observons la grande lumière de sa gloire, dont l'éclat remplit tout le ciel; contemplons la sublime hauteur de *son trône, qui est flamme de feu et roues de feu ardent*[11], entouré de toutes parts par la splendeur du feu; regardons ses redoutables serviteurs de feu et d'esprit, qui se tiennent, innombrables, à son service, avec grande crainte et tremblement[12]; écoutons les paroles de leurs *Sanctus,* qui chantent sa gloire sans relâche d'une voix triomphale[13]; admirons aussi leur merveilleuse beauté à eux, qui se tiennent tous au service grandiose de leur Seigneur, *vêtus de blanc*[14], au milieu d'un flamboiement de lumière radieuse.

[14] Observons aussi ce qui nous est réservé là-haut en leur compagnie par Notre-Seigneur : la grande beauté de notre cité glorieuse[15], la hauteur des brillants édifices de notre palais royal, notre chambre nuptiale, parée et étincelante, le bel et aimable abri de notre

1 *Hébr.*, VI, 18. 2 *Ps.* XXXIII, 21. 3 Cfr *Hébr.*, VI, 18. 4 *Ps.* XXXIII, 22. 5 Cfr *Hébr.*, VI, 19. 6 *Is.*, XXXIII, 17. 7 *Actes*, VII, 55. 8 1 *Tim.*, VI, 16. 9 *Matth.*, V, 8. 10 *Hébr.*, IV, 16. 11 *Dan.*, VII, 9. 12 Cfr *Ibid.*, 10. 13 Cfr *Is.*, VI, 3. 14 *Jean*, XX, 12. 15 Cfr *Hébr.*, XII, 22.

gloire, les vêtements resplendissants destinés à nous couvrir, les robes
* p. 30 de lumière que nous revêtirons, les couronnes * tressées d'or fin et de joyaux spirituels, enchâssés dans le diadème du Fils du Roi [1]. Levons les yeux et regardons son trône élevé, au milieu de son palais royal, et aussi les trônes de ses amis, rangés à sa droite et à sa gauche [2].

[15] O intelligence rivée à la terre, exerce ton regard à bien observer cela ! Regarde tous les *justes,* depuis *Abel* et jusqu'au dernier de la création, attablés au ciel devant le Christ roi, *resplendissants comme le soleil dans le royaume de leur Père* [3]; considère comment les évangélistes de Dieu sont alignés en rangs devant lui ; regarde les anciens justes, les Pères et les patriarches, les prophètes et les apôtres, les martyrs et les confesseurs, les pontifes et les docteurs, les cénobites et les moines, toute l'armée des saints de *tous pays, attablés dans le royaume du Fils avec Abraham, Isaac et Jacob* [4], revêtus de *robes* de lumière et couronnés de *couronnes inaltérables* [5]. Devant eux sont rangés tous les mets les plus délicieux, et des carafes d'un breuvage spirituel sont préparées pour les réjouir. Ce n'est pas un valet, serviteur de l'Esprit, qui les sert, mais c'est l'Esprit lui-même qui apprête son banquet [6]; ou plutôt, tout mangent et boivent avec lui à la propre table du Roi : *Vous siégerez sur des trônes,* dit (Notre-Seigneur), *mangeant et buvant à ma propre table dans le royaume des cieux* [7].

[16] O inexplicable mystère des délices du festin de Dieu ! O divine espérance, à qui il est aisé d'*entrer* au ciel [8] et de contempler l'*allégorie* du mystère, *comme en un miroir,* en attendant que vienne le temps où nous verrons *face à face* [9] la manifestation du mystère de la *gloire du Seigneur,* et où nous serons *transformés en cette même image, de gloire en gloire, comme par le Seigneur Esprit* [10].

[17] Qui donc voudrait faire descendre son espérance du ciel sur la terre ? qui abandonnerait les palais du Royaume et les délices (qu'on) y (goûte) avec le Roi, pour s'en aller dans le fumier et les ordures, avec les vagabonds de la terre, se délecter de la poussière
* p. 31 qui aveugle les yeux et laisse périr de faim ? * Y a-t-il donc quelqu'un qui, ayant aperçu un roi dans sa grande gloire et ses délices, n'en

1 Cfr *Is.*, LXI, 10? 2 Cfr *Matth.*, XIX, 28. 3 *Hébr.*, XI, 4; *Matth.*, XIII, 43; *Is.*, XXXIII, 17. 4 *Matth.*, VIII, 11. 5 *Marc*, XVI, 15; 1 *Cor.*, IX, 25. 6 Cfr *Prov.*, IX, 1-2. 7 *Luc*, XXII, 30. 8 *Hébr.*, VI, 19. 9 1 *Cor.*, XIII, 12. 10 2 *Cor.*, III, 18.

concevrait point un violent désir? et si (ce) roi voulait se l'associer dans sa gloire, aurait-il donc le front de le (lui) refuser? Or cela est bien passager et périssable; mais le *Roi des siècles, qui est incorruptible* [1] et dont la gloire ne passe point, nous appelle sans cesse, pour nous rendre participants de sa gloire, et il nous en coûte d'approcher [2]! Nous préférons demeurer ignominieusement sur terre, dans la géhenne, avec le Malin, au milieu de toutes (sortes de) tourments, plutôt que de régner glorieusement au ciel, dans le Royaume, avec lui, au milieu de toutes (sortes de) délices [3]! Nous nous séparons sottement de sa compagnie, pour nous attacher, par un amer esclavage, au Malin, le destructeur de notre salut, et nous préférons nous nourrir maigrement des *baies* du siècle, avec les impurs et les scélérats, qui lui sont soumis comme un troupeau, plutôt que de nous rassasier gaiement dans le bonheur, du pain du salut de notre glorieux Père du ciel [4]!

[18] Fuyons donc l'esclavage du Malin, bien-aimés, c'est-à-dire, répudions ce qui nous ravale sur la terre et dans le siècle du péché, et tournons-nous vers Dieu, par la *bonne espérance* [5]. Accomplissons et pratiquons ce qui sied et convient à ceux qui sont affermis dans l'espérance en Dieu et qui attendent les biens futurs. Méprisons le siècle présent, ses biens, son espérance, sa confiance, ses aises, ses convoitises, sa gloire et ses éloges. Fermons nos sens à tout ce qu'il contient et ouvrons les sens de notre intelligence au sentiment des *choses d'en haut* [6]. *Vivant dans l'Esprit et menés par lui* [7], ne désirons plus que les choses futures, *dans l'attente de l'espérance bénie et de la manifestation du grand Dieu et notre Sauveur, Jésus-Christ* [8].

[19] Gloire à lui, et puisse-t-il nous confirmer à jamais dans son espérance! Amen.

[1] (CHAPITRE) QUATRIÈME. — De la parfaite charité [9] envers Dieu et envers autrui.

[2] Il sied fort aux *croyants* véritables, * affermis dans *l'espérance en Dieu*, savourant dans leur cœur l'attente de son bonheur et * p. 32

[1] 1 *Tim.*, I, 17. [2] Cfr *Matth.*, XXII, 2-3. [3] Cfr *Matth.*, XXV, 34, 41. [4] *Luc*, XV, 15-17. [5] 2 *Thess.*, II, 16. [6] *Col.*, III, 1-2. [7] *Gal.*, V, 25. [8] *Tite*, II, 13. [9] *Ḥūbā*, rendu par « affection » lorsque ce terme désigne l'amour profane (p. ex. §§ *15*, *27*); le verbe *ḥāb* est rendu par « aimer ».

débordant de joie spirituelle [1], de *se ceindre* surtout de la *charité* de Dieu [2]; qu'en elle s'accroisse et *grandisse* le magnifique *édifice* de leur justice [3]; que la couronne d'or fin de leur foi éclaire et étincelle grâce à elle, comme (relevée) par un joyau aux mille beautés et d'aspect lumineux [4]. Car (la charité) est la beauté suprême de la crainte de Dieu et la dernière grandeur de la perfection; c'est elle qui est la *voie meilleure* de la justice [5]; en elle, *toute la Loi s'accomplit* et se parfait [6]; grâce à elle, toute *la course* de la justice se consomme et *s'achève* [7]; par elle *la foi et l'espérance* s'affermissent et se gardent, et elle-même *les dépasse* et les transcende [8].

[3] Elle est, en effet, le plus apprécié et le préféré des *grands dons* venant de Dieu, (dons) qui tendent et convergent tous vers elle [9]. L'homme devient par elle la *demeure* de la Trinité [10], et elle le mêle et l'unit à Dieu, au point qu'il devienne un avec lui en volonté [11]. C'est qu'elle surpasse en majesté toute œuvre bonne et tous les dons venant de Dieu, elle sans qui ils sont tous stériles et (sans qui) toute la justice (n')est (que) néant [12], témoin le bienheureux Paul : *Si vous ambitionnez les grands dons*, dit-il, *je vais vous indiquer une voie meilleure* [13]. — (Et) quelle est (donc) celle-ci? — La charité parfaite et excellente.

[4] Sans elle, la suprême sagesse de toute la raison *humaine* et *angélique* (n')est (que) stupide inintelligence [14]; sans elle, la prescience *prophétique* (n')est (que) néant, l'intime participation aux *mystères* cachés de Dieu et toute la somme de leur *savoir* ne servent de rien, ni une *foi* grande jusqu'à *transporter des montagnes* [15]; de larges aumônes et la compassion pour les *pauvres* ne servent elles-mêmes de rien; mais que dis-je! pas même le grand et glorieux échelon du martyre par *crémation du corps ne sert de quelque chose* sans *la charité* [16]*!*

[5] *La charité est patiente et douce*, dit l'Apôtre, car elle ne * p. 33 s'impatiente pas * dans les tribulations et ne se cabre pas devant les obstacles, mais elle supporte et *endure tout* avec douceur et

1 *Rom.*, XV, 13. 2 *Col.*, III, 14. 3 *Éph.*, IV, 16. 4 Cfr 1 *Pierre*, I, 7. 5 1 *Cor.*, XII, 31. 6 *Gal.*, V, 14. 7 2 *Tim.*, IV, 7. 8 1 *Cor.*, XIII, 13. 9 1 *Cor.*, XII, 31. 10 *Jean*, XIV, 23. 11 Cfr 1 *Jean*, IV, 16. 12 Cfr 1 *Cor.*, XIII, 1-3. 13 1 *Cor.*, XII, 31. 14 1 *Cor.*, XIII, 1. 15 *Ibid.*, 2. 16 *Ibid.*, 3.

patience; elle *n'envie pas* les biens d'autrui avec mauvaise intention, *ne s'effarouche pas* par crainte des adversités qui lui surviennent inopinément, *ne fanfaronne pas* sottement et ne se vante pas stupidement de ce qu'elle possède [1]; elle ne consent jamais à *faire* tout *ce qui est inconvenant, ne cherche* ni ne soigne égoïstement *ses* seuls *intérêts, ne s'irrite* ni ne se fâche en vain; jamais une *mauvaise intention* ne l'effleure [2]; loin d'elle est toute la *joie de l'iniquité*; elle répudie toutes les actions du péché, ne *met sa joie* et ses délices que *dans le vrai,* s'épanouit et tressaille (de joie) dans la vérité de la justice [3], pour lesquelles elle *endure* et *tolère tout,* car elle *croit* et elle *espère* en *tout* ce qui est promis [4], *sans jamais* chanceler ni *tomber* de sa position solide [5].

[6] Voilà tout ce qu'opère la charité de Dieu en ceux qui la possèdent; elle *parfait* et consomme en eux tout *ce qui est bien,* suivant le mot de l'Apôtre [6], et elle les comble et les remplit de tous les biens à la fois, parce qu'elle est toute-puissante. Elle est, en effet, la suprême *perfection* des *commandements,* et là où elle se rencontre, tous les *commandements* se trouvent parachevés [7]; car il est impossible que le moindre commandement soit transgressé ou éludé par celui qui aime Dieu, puisque la charité pour (Dieu) se traduit dans l'observance de ses commandements, comme il (l')a dit lui-même : *Celui qui m'aime observe mes commandements* [8], et encore: *Si vous m'aimez, observez mes commandements* [9], et : *Celui qui a mes commandements auprès de soi et qui les observe, voilà celui qui m'aime; et celui qui m'aime sera aimé de mon Père, et moi (aussi) je l'aimerai, et je me manifesterai à lui* [10], et : *Nous viendrons à lui et nous ferons chez lui (notre) demeure* [11].

[7] Vois-tu donc comment toute la justice (que constitue) l'observance des *commandements* se *parfait* par la charité [12], et (comment) celui qui possède celle-ci devient une *demeure* pour la Trinité et jouit intérieurement de la vision divine [13]? Heureux * celui qui a (* p 34) mérité cela, qui s'est fait le domicile de la charité et au-dedans de qui la Divinité est venue se reposer! car vraiment, il réside dès à présent dans le royaume des cieux. Qu'est-ce, en effet, que

1 1 *Cor.*, XIII, 4. 2 *Ibid.*, 5. 3 *Ibid.*, 6. 4 *Ibid.*, 7. 5 *Ibid.*, 8.
6 Cfr *Hébr.*, XIII, 21; *Phil.*, I, 6? 7 *Rom.*, XIII, 10. 8 Non identifié.
9 *Jean*, XIV, 15. 10 *Ibid.*, 21. 11 *Ibid.*, 23. 12 *Rom.*, XIII, 10.
13 *Jean*, XIV, 21, 23.

le royaume des cieux, sinon le bonheur avec Dieu? et qu'est-ce que le bonheur avec Dieu, sinon l'épanouissement dans sa charité, la joie de son amitié, le regard incessamment (tourné) vers lui, et les tressaillements de (joie que) l'âme (éprouve) pour lui? C'est donc à bon droit que Notre-Seigneur a dit : *Le royaume de Dieu est au-dedans de vous*[1]; car comment *le Royaume* ne serait-il pas *au-dedans* de celui qui tient en soi la *charité* de Dieu, c'est-à-dire, *Dieu* lui-même[2]!

[8] Ah! l'homme de la charité, qui a installé dans son cœur le *Dieu* qui *est charité*[3]! Ah! le *cœur* exigu et étroit qui héberge spirituellement en son sein, comme en une *demeure* tranquille, celui que le *ciel* et la *terre* ne (peuvent) circonscrire[4]! Ah! l'*œil limpide* du *cœur* qui *voit* à découvert, grâce à sa *pureté*, celui à la vue duquel les *séraphins se voilent la face*[5]*! Celui qui m'aime sera aimé de mon Père, et moi (aussi) je l'aimerai et je me manifesterai à lui*[6] dit (Notre-Seigneur), et : *Nous viendrons à lui et nous ferons chez lui notre demeure*[7]. Où donc (Dieu) sera-t-il *aimé*, sinon dans le cœur? et où se *manifestera*-t-il, sinon là? *Heureux les cœurs purs, car ils verront Dieu*[8], dit-il. Et où encore *habitera*-t-il, sinon au-dedans de lui? *J'habiterai en eux*, dit-il (encore), *et je marcherai en eux*[9]. Vois-tu, le *cœur pur* (et) plein de charité est si vaste que (Dieu peut) bel et bien y *marcher*[10]!

[9] Heureux es-tu, cœur limpide, *demeure* de la Divinité[11]! Heureux es-tu, *cœur pur, spectateur* de l'Essence cachée[12]! O toi, (être de) *chair et (de) sang*, domicile du *Feu dévorant!* ô toi, (être) corporel (fait) de *poussière*, résidence du (Feu) *qui consume les siècles*[13]*!* Vraiment, il est merveilleux et déconcertant de (devoir) dire qu'un cœur de chair, rempli d'amour pour celui *devant qui le ciel n'est pas pur*[14] et qui *plonge ses anges dans la stupeur*[15], lui soit agréable et aimable, assez large et pur pour (devenir) sa
* p. 35 sainte demeure[16], et qu'il serve et révère * joyeusement celui en l'honneur et au service duquel *se tiennent* respectueusement

1 *Luc*, XVII, 21. 2 Cfr *ibid.*; 1 *Jean*, IV, 16. 3 Cfr *Jean*, XIV, 23; 1 *Jean*, IV, 16. 4 Cfr *Is.*, LXVI, 1-2. 5 *Matth.*, VI, 22; V, 8; *Is.*, VI, 2. 6 *Jean*, XIV, 21. 7 *Ibid.*, 23. 8 *Matth.*, V, 8. 9 2 *Cor.*, VI, 16. 10 *Matth.*, V, 8; 2 *Cor.*, VI, 16. 11 *Jean*, XIV, 23. 12 *Matth.*, V, 8. 13 Cfr *Hébr.*, II, 14; *Is.*, XXXIII, 14; *Gen.*, III, 19. 14 *Job*, XV, 15. 15 *Job*, IV, 18. 16 2 *Cor.*, VI, 16.

mille milliers et des myriades de myriades d'(anges) de feu[1]!

[10] O charité, comme tu honores le cœur qui t'a installée en soi! tu le rends supérieur aux anges, ou plutôt, tu lui soumets les anges en les mettant au service du Seigneur qui est au-dedans de lui[2]! Car, où que s'établisse le roi, là s'empressent ses serviteurs, et s'il s'établit dans une petite et pauvre masure, il lui fait un grand honneur. Quel (ne) sera donc (pas) l'honneur du cœur où s'établit le *Roi des siècles*[3]! combien grandes (ne) seront (point) ses richesses et sa joie, et (combien) abondante sa puissance!

[11] Béni sois-tu, Seigneur, *qui habites les hauteurs,* de ce que tu as fait ton séjour du *cœur* de l'homme, pour l'installer à son tour sur les hauteurs avec toi, afin qu'il vive avec toi, à *te louer,* en haut et en bas, et que toi, *tu habites* en lui, le *réjouisses* et l'*affermisses*[4]! Gloire te soit rendue, de ce que tu as mérité cela au *cœur, formé* de poussière par tes mains, qui a installé au-dedans de lui ton amour[5]! Vraiment, *ils se réjouiront, tous ceux qui espèrent en toi, ils te loueront à jamais et tu habiteras en eux; ils s'affermiront en toi, tous ceux qui aiment ton nom*[6]!

[12] Quelle joie égale (celle de) celui qui se réjouit en Dieu? quelle abondance ressemble à la sienne? Son esprit est le ciel; Dieu et ses anges y résident avec gloire[7] et, pas plus que dans le ciel, la *louange* de Dieu ne s'interrompt dans l'esprit rempli de charité : *Ils te loueront à jamais, et tu habiteras en eux,* dit (l'Écriture)[8]. C'est donc sans relâche qu'il est *loué* dans *ceux qui* l'*aiment* et qui *s'affermissent en lui*[9]. Car en *eux, toute Principauté, toute Domination et toutes les Puissances* sont *anéanties,* ils *règnent* avec Dieu dans la gloire, *leurs ennemis étendus sous leurs pieds*[10], et sa *volonté* s'accomplit en eux *comme au ciel*[11]. Et là où Dieu habite par la charité, quel bien pourrait manquer? car ils reçoivent son *secours pour tout* l'accomplissement du *bien : Nous savons que Dieu aide ceux qui l'aiment en toute chose pour le bien*[12], c'est-à-dire que Dieu lui-même réalise et parfait en eux tout ce qui est bien[13], comme dans son propre sanctuaire[14].

1 *Dan.*, VII, 10. 2 Cfr 2 *Cor.*, VI, 16; *Dan.*, VII, 10. 3 1 *Tim.*, I, 17. 4 *Ps.* CXIII, 5; *Ps.* V, 11. 5 *Ps.* XXXIII, 15. 6 *Ps.* V, 11. 7 Litt. : « dans la louange ». 8 *Ps.* V, 11. 9 *Ibid.* 10 1 *Cor.*, XV, 24-25. 11 *Matth.*, VI, 10. 12 *Rom.*, VIII, 28. 13 Cfr 2 *Cor.*, IX, 8; *Phil.*, II, 13. 14 Cfr 1 *Cor.*, III, 16.

* p. 36 * [13] Aimons donc également, bien aimés, la charité envers Dieu, chérissons-la par-dessus toute chose, et *poursuivons-la* d'une course rapide, suivant l'ordre de l'Apôtre : *Poursuivez la charité* [1]. Préoccupons-nous donc tout d'abord de l'acquérir, afin de trouver chez celui que nous aimons l'*aide* pour réaliser tout le bien qu'il aime [2], lui, en nous préoccupant de l'*aimer de tout notre cœur, de toute notre âme, de toutes nos forces et de tout notre esprit,* comme il l'ordonne et le recommande lui-même : *Aime le Seigneur ton Dieu de tout ton cœur, de toute ton âme, de toutes tes forces et de tout ton esprit : voilà le (plus) grand et le premier des commandements* [3].

[14] *Qu'abonde* donc et *qu'augmente* en nous *la charité* pour Dieu [4]; affermissons-nous en elle et renforçons en nous l'amour pour lui. Or la charité pour (Dieu) augmente et l'amour pour lui se renforce par l'assiduité auprès de lui et par sa constante méditation. Embrasons donc en nous la brûlante ardeur de sa charité par la société avec lui, qui (naît) de la pureté du cœur [5]. Car c'est par le regard constant que l'esprit (dirige) vers lui, ainsi que par le rayon *lumineux* de *l'œil simple* de l'âme [6], se noyant dans l'intense rayon de la fulgurante lumière d'en haut, que le brasier du feu de la charité pour (Dieu) s'enflamme abondamment dans l'âme.

[15] Chez ceux qui sont liés par une amitié naturelle, l'affection s'accroît par la présence mutuelle, et l'amitié s'avive à force de regards échangés; elle croît et se renforce par la société amicale de la conversation, et bientôt elle tient sans cesse en éveil le souvenir par les stimulants de sa grande vertu d'amour. Ainsi l'*amitié* divine *augmente et progresse* [7] en l'homme par la présence incessante auprès de lui, par le regard simple de l'esprit et la contemplation spirituelle (de Dieu), par le commerce assidu de son souvenir et la méditation de ses paroles; le cœur s'échauffe (alors) du *feu* de la charité qu'il a reçue de l'Esprit, (feu) qui *couve* et s'enflamme *dans ses os* [8] et *prend dans* tout *son corps* [9].

[16] (Ce corps, le feu de la charité) le cuit par sa chaleur comme dans un four spirituel, le sèche, comme un vase d'argile, de toute l'humidité qu'est la matière profane de la chair, et il lui communi-

[1] 1 *Cor.*, XIV, 1. [2] Cfr 2 *Cor.*, IX, 8? *Phil*, II, 13? [3] *Matth.*, XXII, 37-38. [4] *Phil.*, I, 9. [5] Cfr *Matth.*, V, 8. [6] *Matth.*, VI, 22. [7] *Phil.*, I, 9. [8] *Jér.*, XX, 9. [9] *Ps.* XXXIX, 3.

que un brillant vernis * spirituel, en sorte qu'il ne soit plus la molle glaise charnelle, qui se dissout par la mort du péché [1], mais qu'il possède mystérieusement dès à présent, par manière de gage, la fermeté et l'incorruptibilité qui lui sont réservées pour la vie d'après la résurrection, (et) qu'il devienne une terre cuite insoluble à l'eau, c'est-à-dire, un corps spirituel, supérieur par l'immortalité à la mort du péché et réservé pour la vie de la justice [2]. * p. 37

[17] C'est à une pareille grandeur que la charité divine engendrée par l'Esprit [3] hausse et élève ceux qui l'aiment, la convoitent et la recherchent sans cesse. Par son feu vivant, elle préfigure en eux, dans le siècle des mortels, la résurrection spirituelle à venir [4]; elle les embrase de son ardeur, harcèle constamment (leur) souvenir par les doux aiguillons de son amour, volant par le corps et stimulant l'âme par sa vertu, lui séchant les larmes dans les yeux par sa grande ardeur, cherchant à la faire s'envoler et s'élever bien haut, par le ravissement de son intelligence absorbée en Dieu [5].

[18] Je ne puis donner, en les écrivant, une consistance extérieure aux mystères de la charité, car ils se dessinent intérieurement au-dedans du cœur pur et resplendissant par l'Esprit. Celui-là en qui se dessine le mystère de la grande beauté de la charité connaît lui-même sa vertu et expérimente ce que je veux dire; je ne parle pas encore, qu'il tressaille déjà (de joie) dans la charité. C'est ce que commandait le bienheureux Paul : *Réjouissez-vous* dans *votre espérance,* disait-il, *aimez votre Seigneur, soyez fervents en esprit* [6].

[19] Celui qui a l'esprit brûlant de charité ne peut donc perdre le souvenir de son Maître, et il ne supporte pas d'interrompre son entretien avec lui, car le feu de son amour, dont il a le cœur enflammé, ne cesse de le stimuler constamment. Ainsi était celui-là dont l'élection fut *connue* dès le *ventre* (maternel), et qui fut *sanctifié* par le Seigneur dès le *sein* [7] : c'est de ce *feu* qu'il brûlait : *J'ai cherché,* dit-il *à ne plus me souvenir de lui et à ne plus parler en son nom; mais il s'est fait en mon cœur comme un feu, consumant et flambant dans mes os* [8]. Ainsi encore ce *cœur pur,* rempli de

[1] Cfr *Rom.*, VIII, 3; V, 12. [2] Cfr 2 *Cor.*, V, 4-5; 1 *Cor.*, XV, 42-44; *Rom.*, VI, 12-13. [3] Cfr *Rom.*, V, 5. [4] Cfr *Éph.*, I, 14. [5] Cfr *Col.*, III, 1-3. [6] *Rom.*, XII, 11. [7] *Jér.*, I, 5. [8] *Jér.*, XX, 9.

joie et de *l'esprit nouveau* du Seigneur [1] : *Mon cœur s'échauffe au-dedans de moi,* dit-il, *le feu prend dans mon corps* [2].

* p. 38 * [20] Même *de nuit,* lorsqu'ils sont *couchés,* de tels (saints) ne perdent pas le *souvenir* de leur Seigneur, car la grande charité qu'ils ont pour lui dessine *devant eux* le spectacle de sa gloire dans le sommeil et dans la veille, stimulant sans cesse la mémoire à le contempler. *La nuit, mon âme soupire après toi,* dit un juste; *mon esprit lui aussi se lève à ta rencontre au-dedans de moi* [3]; et un autre: *Je me souviens de toi sur ma couche; durant les nuits, je songe à toi* [4], et : *Je place toujours le Seigneur devant moi* [5].

[21] Ah! la charité, (cette) insatiable de la vue du Seigneur! Bien que *toujours placée devant lui* [6], elle a faim et *soif* de le voir, *comme une terre assoiffée et altérée, à la recherche de l'eau* [7]. *Ainsi te contemplé-je dans la vérité,* dit-elle, *afin de voir ta puissance et ton honneur. Puisque ta miséricorde vaut mieux que la vie, mes lèvres te loueront. Ainsi te bénirai-je à toute heure en ma vie et élèverai-je mes mains en ton nom, afin que mon âme se gorge de ton souvenir comme de graisse et de moelle* [8]. Ah! l'âme qui *suit Dieu* par son amour, afin que *repose* sur elle sa *droite secourable,* pleine de miséricorde [9]! Ah! l'esprit mêlé à Dieu, absorbé et vaincu par sa charité! il ne voit plus rien d'autre que Dieu. Ah! la vision baignée d'une *lumière* opulente et *inaccessible,* qui n'apparaît pas aux yeux des (êtres) corporels [10]! elle est elle-même l'*image* lumineuse de celui dans la charité duquel elle est plongée, car Dieu a coutume de *se transformer en son image* pour celui qui *regarde sa gloire comme dans un miroir* [11].

[22] C'est donc à bon droit que disait un homme de Dieu qui ressentait sa charité [12] : « Les hommes dont la charité tend vers Dieu sont abîmés en Dieu, car la charité sait mêler ceux qui la possèdent avec la chose aimée; et s'il se fait que nous soyons imparfaits, le Seigneur que nous aimons est (assez) puissant (pour) attirer et hausser lui-même notre charité jusqu'à sa majesté. Nous savons, en effet, que rien ne peut cohabiter avec la charité, parce
* p. 39 que sa violence a raison de tout : * les passions ne l'énervent pas,

1 *Ps.* LI, 10. 2 *Ps.* XXXIX, 3. 3 *Is.*, XXVI, 9. 4 *Ps.* LXIII, 6. 5 *Ps.* XVI, 8. 6 *Ibid.* 7 *Ps.* LXIII, 1. 8 *Ibid.*, 2-5. 9 *Ibid.*, 7-8. 10 1 *Tim.*, VI, 16. 11 2 *Cor.*, III, 18. 12 Cet « homme de Dieu » pourrait bien être le « sage » dont le témoignage est invoqué en I, IV, 4, § *43*.

les tribulations ne l'ébranlent point, les persécutions ne lui font pas peur, elle se rit des menaces, elle ne s'occupe point des reproches, elle est supérieure à la crainte : *Il n'y a point de crainte dans la charité,* dit (l'Écriture), *parce que la charité parfaite boute la crainte dehors* [1].

[23] « Elle ne se laisse même pas effrayer par une mort terrible; elle *compte les dommages pour des gains* [2] et la *mort pour la vie* [3]; elle accepte joyeusement les outrages comme (s'ils étaient) des louanges; avoir *faim* lui paraît un plaisir, et avoir soif une joie [4]; elle veille, tout en se reposant [5]; elle s'exerce patiemment au support des difficultés avec celui qu'elle aime, suivant (ce) qu'a dit le divin David : *A cause des douces paroles de ta bouche, que je préfère au miel et au gâteau*[6], *j'ai observé de rudes voies* [7]. La charité ne passe pas avec les siècles, ne change pas avec les temps, ne vieillit pas et ne prend jamais d'âge, mais elle se renouvelle et rajeunit chaque jour [8], et elle est toujours belle et aimable. Étant le charme de toute chose, elle confère du charme même aux laids, car elle dépasse en splendeur les (plus) beaux, et c'est elle qui embellit tout; aucune nature n'atteint sa beauté, et c'est elle qui donne vie à tout. » [9]

[24] Qui nous accordera de connaître l'expérience de la charité, qui n'est perceptible que dans l'âme de ceux qui l'éprouvent, et dont la (seule) instruction ne peut (faire) ressentir la vertu à l'intelligence [10]? Celui qui est sous son action et sous l'influence de sa vertu éveille lui-même quand il lui plaît et sans instruction aucune [11] l'expérience de la charité enfouie en lui; elle instruit soudain sa bouche de ce qu'il y a puisé, et il s'emplit des délices de sa douceur. Qui donc nous a rendus confidents du langage de la charité, en sorte que nous tressaillions de joie en elle avant même de savoir (en) parler, tels des *veaux* de lait gambadant derrière leurs mères, d'amour naturel [12]? « L'eau se jette dans l'eau, a dit un poète de la charité, et la flamme se mêle à la flamme; (ainsi) les paroles

1 1 *Jean*, IV, 18. 2 *Phil.*, III, 7. 3 *Phil.*, I, 20-21. 4 Cfr *Rom.*, VIII, 35. 5 Cfr *Cant.*, V, 2. 6 *Ps.* XIX, 11. 7 *Ps.* XVII, 4. Martyrius cite probablement l'Écriture d'après l'« homme de Dieu » du § *22*. 8 Cfr *Is.*, XL, 31. 9 La citation débutant au § *22* se termine peut-être ici 10 Litt. : « et dont l'intelligence qui provient de l'ouïe ne peut ressentir la vertu ». 11 Litt. : « même sans entendre ». 12 *Mal.*, IV, 2.

que l'on prononce à propos de la charité stimulent-elles ceux qui les aiment. » Celui qui a en soi la charité (en) savoure et (en) perçoit le langage, et il (l')a déjà comprise avant de (savoir en) parler; mais celui qui n'a pas en soi la charité restera (toujours) étranger à (son) langage.

* p. 40 * [25] Car ceux qui aiment possèdent une langue meilleure, ainsi que des yeux et des oreilles plus affinés que ceux de la nature, en vue de ressentir la charité. Mais malheur à celui qui est privé de la charité! il sera également étranger au discernement du sens des paroles qui s'y rapportent. *L'homme psychique, qui n'est pas encore digne de l'Esprit, ne peut accueillir les (réalités) spirituelles*, dit (l'Écriture), *car elles sont folie pour lui*[1]*; mais le spirituel juge de toute chose*[2]. Et nous, *nous adaptons aux spirituels les (réalités) spirituelles*[3]. Que *les enfants dans le Christ* se nourrissent *de lait*, mais les parfaits, qui sont formés, *d'aliments* solides[4].

[26] Celui qui est consommé dans la charité de Dieu est donc *mort* à toutes les choses du siècle et ne *vit* plus que *pour* le seul *Dieu* (qu')il aime[5]; parce qu'il est vaincu par sa charité, son regard est constamment rivé sur lui, et rien d'autre ne peut l'en distraire; si violemment qu'il soit retenu par quelque (chose) d'autre, il ne s'(en) laisse entraver par rien[6], mais dirige vers (Dieu) l'élan de sa course et plane au-dessus de tout; car qui peut voir Dieu et rester froid[7]? Si notre regard était baigné dans sa glorieuse lumière, nous ne verrions plus rien d'autre qu'elle[8]. Celui dont l'esprit fréquente Dieu est un trésor[9], si la charité l'absorbe tout entier; et quelles richesses lui sont comparables? quelles délices lui sont semblables?

[27] Voulez-vous apprendre à quoi ressemble la vertu de la charité? Apprenez-le de celui qui sait comparer l'affection naturelle avec (l'amour) de Dieu[10] : « Je vais vous dire, dit un saint, ce qu'éprouvent ceux qui aiment Dieu, si j'arrive à le dire, et vous à l'entendre. Lorsqu'on incarne son affection en quelqu'un, on le baise sans cesse intérieurement, on cherche à copier son intonation, on contrefait sa prononciation, on s'éprend de son accent, on s'ef-

1 1 *Cor.*, II, 14. 2 *Ibid.*, 15. 3 *Ibid.*, 13. 4 1 *Cor.*, III, 1-2. 5 Cfr *Rom.*, VI, 11; VIII, 10; *Gal.*, II, 19-20. 6 Cfr *Rom.*, VIII, 35. 7 Cfr *Ex.*, XXXIII, 20? 8 Cfr 2 *Cor.*, III, 18. 9 Cfr *Is.*, XXXIII, 6? 10 Cfr ci-dessus, §§ *22-23* et *24* (?)

force de se mesurer à sa taille, on observe la finesse de ses doigts, on s'ingénie à reproduire le clignotement de ses paupières. Tel est le désir de quiconque aime intérieurement : c'est que (son désir) lui tienne lieu de son bien-aimé. Et que survienne la tribulation, et qu'il (doive) supporter quelque chose * pour (l'aimé), il n'(en) * p. 41 souffre point, tout mêlé qu'il est à son amour. Est-il loin de (son bien-aimé) ? il le contemple intérieurement en se dépeignant ses traits ; et plutôt qu'à tout ce qui lui arrive, c'est au seul objet de son affection que son regard est rivé. »

[28] S'il y a une telle vertu dans l'affection naturelle, quelle ne sera donc pas la vertu de la charité envers Dieu, indissoluble et indestructible [1] ! Celui en qui brûle la charité de Dieu n'est plus avec les hommes, car la charité ne consent pas à demeurer sur terre, puisque son maître et dispensateur est *plus haut que le ciel* [2]. Celui qui aime n'aperçoit plus personne, puisque l'amour qu'il (porte) en lui ne (le) lui permet point. Son regard est rivé sur (Dieu) seul, et rien ne peut l'(en) arracher ; en effet, s'il y avait quelque chose qui se pût comparer avec Dieu, il contemplerait tantôt Dieu et tantôt l'objet qui lui serait semblable ; mais s'il n'y a rien pour *se comparer avec lui au plus haut des cieux*, et si rien *ne lui est semblable* non plus *parmi les natures angéliques* [3], (celui qui l'aime) demeure tout entier attiré vers lui et étranger à tout ce que contient le siècle [4]. Celui qui aime ne sait plus qu'il vit, mais ne peut plus que dire : *Ce n'est plus moi qui vis.* La charité m'a fait sortir de moi-même et habiter au-dedans de celui que j'aime. *Désormais ce n'est plus moi qui vis, mais c'est le Christ qui vit en moi* [5].

[29] L'ami baise les chaussures de son ami [6]. Personne ne parle, mais son oreille est attentive à la voix de son bien-aimé [7]. Alors même qu'il dort, il le voit [8], et lorsqu'il se réveille, il ne songe qu'à lui. (Son ami) n'est pas présent, mais il l'observe. Il n'a pas honte d'être à son service. C'est ce qu'a (voulu) dire l'Apôtre [9] : *La charité ne fanfaronne pas*, c'est-à-dire qu'elle n'a point *honte ;* car si elle *ne fanfaronne pas*, elle ne se réserve pas non plus le respect

[1] Cfr 1 *Cor.*, XIII, 8. [2] Cfr *Ps.* CXIII, 4. [3] *Ps.* LXXXIX, 6. [4] Cfr *Jacques*, IV, 4. [5] *Gal.*, II, 20. [6] Cfr *Jean*, I, 27. [7] Cfr *Jean*, III, 29, [8] Cfr *Cant.*, V, 2. [9] 1 *Cor.*, XIII, 4.

(dû à) l'apparence extérieure, en sorte qu'elle ne (voudrait) pas servir celui qu'elle aime[1]. Plût au ciel que tombent en nous quelques gouttes de la charité de Dieu, et que nous ne soyons pas indifférents à ses paroles! Car si la charité n'est pas semée d'en haut dans nos âmes, les paroles que l'on en dit ne servent de rien, tandis que si elle brûle en nous, venant des hauteurs, rien d'autre ne pourra nous l'éteindre[2].

* p. 42 * [30] *Apprêtons* donc notre âme, bien-aimés, pour que (la charité) y brûle grâce à l'Esprit[3]. Or elle y brûlera si nous la trouvons avec une pure limpidité, car ce sont la pureté et la limpidité qui accueillent les *semences* célestes et qui les développent, comme une *bonne et belle terre*[4]. Il est, en effet, impossible que l'amour de Dieu brûle en quelqu'un tant que (celui-ci) reste noyé dans l'amour du siècle comme dans de la boue[5]; mais dès qu'il se purifie de l'amitié des choses terrestres, l'amitié céleste brûle dans son âme, et il resplendit de la charité divine comme une *lampe* nettoyée (et) pleine d'*huile*[6].

[31] On ne (peut) posséder l'amour divin avec l'amour du siècle; en effet, l'âme ne peut embrasser deux amitiés à la fois[7], à savoir *l'amitié* du *siècle* et l'amitié de Dieu, puisqu'elles sont mutuellement opposées[8] et que l'une ne subsiste que si l'autre disparaît. *Nul ne peut servir deux maîtres,* dit (l'Écriture) : *ou bien on haïra l'un et on aimera l'autre, ou bien on respectera l'un et on méprisera l'autre*[9]. Si tu veux aimer Dieu et le *servir* avec respect, hais donc le siècle et méprise son *amitié,* car tu ne peux *servir Dieu* tout en étant dans l'*amitié* (du siècle). *Vous ne pouvez servir Dieu et le siècle*[10], dit (l'Écriture), puisque *l'amitié du siècle est inimitié pour Dieu, et* (puisque) *celui qui veut être l'ami de ce siècle se rend ennemi de Dieu*[11].

[32] Malheur à l'homme qui *se rend ennemi de Dieu*[12]*! il vaudrait mieux pour cet homme qu'il ne fût pas né*[13]. Malheur à l'homme qui s'enfonce dans l'amour du siècle comme dans les ténèbres, et (qui) se prive de la lumière de l'amour de Dieu[14]! il vaudrait mieux que celui-là n'eût pas quitté les ténèbres du sein (maternel) plutôt que d'être venu des ténèbres dans les ténèbres, pour

1 Cfr *Phil.*, II, 6-7. 2 Cfr *Cant.*, VIII, 6-7. 3 *Matth.*, XXV, 7. 4 *Matth.*, VI, 22; *Luc*, VIII, 8. 5 Cfr *Jacques*, IV, 4. 6 *Matth.*, XXV, 4. 7 Cfr *Matth.*, VI, 24 8 *Jacques*, IV, 4. 9 *Matth.*, VI, 24. 10 *Ibid.* 11 *Jacques*, IV, 4. 12 *Ibid.* 13 *Matth.*, XXVI, 14. 14 Cfr *Jean*, XII, 35-36.

s'en retourner au supplice dans les ténèbres [1]. *Si la lumière qui est en toi est ténèbres,* dit (l'Écriture), *que ne seront point tes ténèbres* [2]*!* Malheur à l'œil qui *tâtonne à l'aveugle* dans les ténèbres du siècle [3], (qui) est aveugle au spectacle de la gloire de Dieu et (qui) néglige son grand honneur et sa louange! *les corbeaux du torrent le crèveront* [4]*!* Car vraiment, les démons ténébreux * escor- * p. 43
teront l'âme alourdie par les *ténèbres* de leur *siècle* [5]*;* et lorsqu'elle aura quitté son corps, ténébreuse, elle sera châtiée avec eux dans leurs ténèbres, en attendant de revêtir aussi son corps, afin qu'ils soient châtiés ensemble à jamais *dans les ténèbres extérieures* [6].

[33] Heureuse l'âme dont l'*œil* s'est purifié du trouble des nuées du siècles et s'est rendu *simple* et clair pour apercevoir le Seigneur dans la nuée de lumière! *Tout son corps sera lumineux* [7], *l'aspect de son visage resplendira* de gloire, et lorsqu'il *sortira* (de la nuée), le Seigneur l'enveloppera d'honneur [8], *les anges* de lumière l'escorteront et le mêleront à leur cortège, en compagnie des *esprits des justes consommés (en justice)* [9]*;* ou plutôt, ils l'installeront auprès de Notre-Seigneur, dans sa lumière glorieuse, suivant son aspiration de chaque jour, — *(pleins de) confiance,* dit (l'Écriture), *nous aspirons à quitter (notre) corps (pour) vivre auprès de Notre-Seigneur* [10], — en attendant qu'elle reçoive aussi son corps dans la gloire, transformé et *rendu conforme au corps glorieux* [11] (du Christ), et qu'elle règne avec lui dans son corps, dans les siècles impérissables de la lumière d'en haut.

[34] Telle est donc la charité de Dieu, et voilà de quoi elle rend digne. Qui pourrait la définir en paroles, ou la décrire un tant soit peu? Elle est *inaccessible* comme son maître [12]; seul l'esprit qui en est imprégné peut la connaître un peu; mais la comprendre comme elle est, (il ne le peut) pas le moins du monde, car si *Dieu est charité* comme il est écrit [13], (la charité) est aussi ineffable que lui. O charité, comme tu es élevée en majesté, toi du (nom de) qui s'est désigné celui qui n'a ni nom ni appellation, le Dieu transcendant tout nom [14]! Et si *la paix de Dieu,* qui naît de toi,

1 Cfr *Job,* x, 18, 22. 2 *Matth.,* vi, 23. 3 *Is.,* lix, 10. 4 *Prov.,* xxx, 17. 5 Cfr *Éph.,* vi, 12. 6 *Matth.,* xxii, 13. 7 *Matth.,* vi, 22. 8 *Ex.,* xxxiv, 29-34. 9 *Luc,* xvi, 22; *Hébr.,* xii, 23. 10 2 *Cor.,* v, 8. 11 *Phil.,* iii, 21. 12 1 *Tim.,* vi, 16. 13 1 *Jean,* iv, 16. 14 Cfr *Ex.,* iii, 13-14.

surpasse toute intelligence[1], qui pourra te comprendre, charité cachée en Dieu!

[35] Celle qui te trouve, c'est *l'espérance,* qui te précède, (et) qui *ne déçoit point*[2]; et (si) celle-ci te *répand dans le cœur* pur parti à ta recherche, (c'est qu')elle a été *consommée* par les *tribulations* de la *foi* qui la précède[3] : *L'espérance ne déçoit point,* dit (l'Écriture), *mais la charité de Dieu est répandue dans nos cœurs par l'Esprit-Saint qui nous a été donné*[4]. Que celui qui
* p. 44 veut voir la *charité* * *se répandre dans* son *cœur* élève donc son espérance vers le ciel, comme nous l'avons dit plus haut[5], (et) qu'il contemple les (réalités) invisibles. *Voir ce qu'on espère, ce n'est plus l'espérance,* dit (l'Écriture) ; *si (donc) nous espérons en une réalité invisible, demeurons dans la constance*[6].

[36] Regardons donc Dieu, qui est invisible[7], car il peut *voir Dieu, le cœur pur*[8] *créé par lui en l'homme nouveau, dans l'innocence* et la sainteté[9] : *Celui qui voit Dieu, c'est celui qui est de Dieu,* dit (l'Écriture)[10]. Nul ne peut aimer pleinement quelqu'un s'il n'a d'abord aperçu son visage. Fût-il désireux de l'aimer par ce qu'il (en) a entendu, il entrera davantage dans son amitié lorsqu'il le verra et plus encore lorsqu'il jouira de sa société. De même, nul ne peut aimer Dieu pleinement ni entrer profondément dans son amitié sans avoir commencé par regarder *son visage en rendant grâces*[11], par se dépeindre ses traits en pensée et par vivre insatiablement dans la société de ses louanges. Et si celui qui se *dépeint devant les yeux* comme en portrait *le Christ sur sa croix* peut encore parfois s'en détourner, comme ce fut le cas[12], comment (pourrait) l'aimer celui qui ne se grave pas même un tant soit peu son image dans l'esprit?

[37] Celui qui l'a vu reconnaît donc en soi son image, car le fait de le voir établit l'amour au-dedans du cœur, et l'amour, une fois établi, grave son image dans la personne, (qui) veut (désormais) se modeler en tout sur son comportement[13], de même que l'on imite son ami. Celui qui l'imite est donc *en paix avec les hommes*[14],

1 *Phil.,* IV, 7. 2 *Rom.,* V, 5. 3 *Ibid.,* 3-4. 4 *Ibid.,* 5. 5 Cfr II, III, §§ *4-6; 11-15.* 6 *Rom.,* VIII, 24, 25. Litt. : « car si nous espérons... nous demeurerons... ». 7 Cfr *Jean,* I, 18. 8 *Matth.,* V, 8. 9 *Éph.,* IV, 24. 10 *Jean,* VI, 46. 11 *Ps.* XCV, 2. 12 *Gal.,* III, 1. 13 Cfr 2 *Cor.,* III, 18. 14 *Rom.,* XII, 18.

(et) il *aime comme soi-même son prochain* selon la chair, car c'est là le *second commandement, semblable au premier : Tu aimeras ton prochain comme toi-même*[1]. A la charité envers lui, (Notre-Seigneur) a, en effet, rattaché la charité envers autrui, en la plaçant immédiatement après (la première) ; et nous devons mettre un grand soin à l'acquérir, si nous sommes vraiment ses *amis*[2] et si nous voulons l'imiter, comme de vrais amis[3]. Il faut donc que nous nous *aimions* les uns les autres *comme nous-mêmes*[4], ou plutôt, plus que nous-mêmes, à vrai dire, comme il a fait lui-même pour nous, *en donnant sa vie pour nous*[5].

* [38] Ses Apôtres eux aussi lui ont ressemblé en cela, (car) ils * p. 45
ont *donné leur vie* pour notre salut[6]; et que dis-je, leur vie! car l'un d'eux, poussé par sa généreuse charité pour autrui, demanda (à Dieu de le laisser), si possible, se séparer du Christ, afin qu'eux s'en rapprochent : *Je souhaiterais devenir personnellement anathème,* dit-il, *(et séparé) du Christ pour mes frères, ceux de ma race selon la chair, qui sont les Israélites*[7]*!*

[39] O incommensurable charité! celui que *ni hauteur, ni profondeur* ni les deux *créations* n'avaient pu *détacher de la charité du Christ*[8] chercherait maintenant à s'en séparer pour les *ennemis de la croix du Christ*[9] et ses persécuteurs, à lui et à ses compagnons, si cela pouvait les rapprocher (du Christ)[10], tandis qu'à nous il est pénible d'aimer nos frères, qui sont les amis du Christ et nos bienfaiteurs à nous! Et non contents de ne point *aimer notre prochain comme nous-mêmes,* suivant l'ancien commandement[11], (nous ne l'aimons) pas même autant que le superflu de nos biens; car nous avons plus à cœur de faire preuve de sollicitude pour nos biens que pour nos frères!

[40] Ou plutôt, nous faisons preuve de plus de sollicitude à nous occuper d'herbe qui fane et de vêtements qui s'usent que des *âmes* et des *corps*[12] d'hommes faits comme nous *à l'image divine*[13], et nous préférons laisser tourner nos affaires à rien, plutôt que d'en approvisionner charitablement (nos frères), pour notre profit à nous et leur salut à eux! Que nos légumes pourrissent ou que notre vête-

1 *Matth.*, XXII, 39. 2 *Jean*, XV, 14. 3 Cfr *Matth.*, V, 44-45. 4 *Matth.*, XXII, 39. 5 *Éph.*, V, 2. 6 Cfr 1 *Thess.*, II, 8. 7 *Rom.*, IX, 3-4. 8 *Rom.*, VIII, 39. 9 *Phil.*, III, 18. 10 *Rom.*, IX, 3-4. 11 *Lév.*, XIX, 18; *Matth.*, V, 43. 12 *Matth.*, VI, 25. 13 *Gen.*, I, 27.

ment se déchire, et nous en voilà désolés; mais nous n'avons cure d'offrir le soulagement de notre superflu, pour leur sauver la vie, à l'âme et au corps de nos pareils, qui se meurent dans le dénuement! Nous nous prétendons les amis du Christ et les disciples qui l'imitent [1]; mais, tandis qu'il est *ami des hommes* [2], nous sommes *ennemis des hommes,* c'est-à-dire *leurs assassins* [3]*!*

[41] Et comment ne serait-il pas un *assassin,* celui qui laisse son frère gémir dans la tribulation, alors qu'il pourrait le sauver [4]! O manque de charité, conformant à Satan, *homicide depuis le*
* p. 46 *début* [5]*!* * Oui, c'est à (Satan) que ressemble celui qui, au lieu d'être plein de charité envers son frère, l'est de haine contre lui, puisque *quiconque hait son frère est homicide* [6], dit (l'Écriture), *et il a le diable pour père* [7].

[42] Gardons-nous donc d'imiter Satan et *ressemblons à Dieu, comme des enfants bien-aimés* [8]*; aimons-nous les uns les autres* en toute sincérité d'esprit, non seulement *comme nous-mêmes,* suivant l'ancien commandement [9], mais à l'exemple du *Christ* [10], suivant son *commandement nouveau* à lui : *Je vous donne,* dit-il, *un commandement nouveau* [11]. — Et quel est-il, Seigneur, ton commandement? — Mon commandement, c'est *que vous vous aimiez les uns les autres* [12]. — Et quel est le caractère qui en fait la nouveauté? — Aimez-vous les uns les autres *comme je vous ai moi-même aimés* [13]. — Et comment se consomme, Seigneur, cette grande charité, qui n'a pas son pareil? — C'est en ce *que l'on offre sa vie pour ses amis* [14].

[43] Vois-tu donc quelle est l'importance du *commandement nouveau* de la charité? Il exige que nous imitions (le Christ) lui-même [15], en sorte que, de même qu'il nous a lui-même aimés en amis, et qu'il *a offert sa vie pour nous* [16], *alors que nous étions* en esprit ses propres *ennemis* [17] *à cause de nos œuvres mauvaises* [18], de même nous aussi, nous nous *aimions les uns les autres, chacun offrant sa vie pour* son prochain [19]. Car *c'est à ceci qu'on* nous regardera comme ses vrais *amis,* et que chacun nous *reconnaîtra*

1 Cfr *Jean,* XV, 14. 2 *Tite,* III, 3. 3 1 *Jean,* III, 15. 4 *Ibid.,* 15, 17. 5 *Jean,* VIII, 44. 6 1 *Jean,* III, 15. 7 *Jean,* VIII, 44. 8 *Éph.,* V, 1. 9 *Lév.,* XIX, 18; *Matth.,* V, 43. 10 *Éph.,* V, 2; *Jean,* XIII, 34. 11 *Jean,* XIII, 34. 12 *Ibid.* 13 *Ibid.* 14 *Jean,* XV, 13. 15 Cfr *Jean,* XIII, 34. 16 *Éph.,* V, 2. 17 *Rom.,* V, 10. 18 *Col.,* I, 21. 19 1 *Jean,* III, 16.

pour ses disciples : c'est si nous *faisons* tout *ce qu'il nous a ordonné,* et (si) nous nous *aimons mutuellement,* suivant son *commandement : Vous êtes mes amis si vous faites tout ce que je vous ordonne*[1], dit-il ; et : *C'est à ceci que chacun vous reconnaîtra pour mes disciples : c'est si vous avez de la charité les uns pour les autres*[2]. *Celui qui dit : J'aime Dieu, mais qui n'aime pas son frère, est* donc *un menteur, et il n'y a pas en lui de vérité; car s'il n'aime pas son frère, que l'on peut voir, comment aimera-t-il Dieu, qui est invisible*[3]*?*

[44] *Aimons* donc nos *frères,* pour que se lève en nous la *lumière* de la charité parfaite de Dieu[4]. Écartons de nous les *ténèbres* inclémentes de l'envie et de la haine, pour *demeurer dans la lumière* de la charité et de l'amour mutuels. * Car elles sont vraiment des ténèbres, l'envie et la haine, suivant (ce) qui est écrit : *Celui qui prétend être dans la lumière tout en haïssant son frère est dans les ténèbres et marche dans les ténèbres, sans savoir où il va, parce que les ténèbres lui ont aveuglé jusqu'aux yeux*[5]. En effet, l'envie et la haine qui sont dans son cœur le recouvrent comme un brouillard obscur et aveuglent son regard ; et il *tâtonne* dans sa méchanceté comme dans des ténèbres, sans rien savoir de ce qu'il dit ni de ce qu'il fait[6].

* p. 47

[45] *Mais celui qui aime son frère demeure dans la lumière,* dit (l'Écriture), *et il n'y a en lui aucune (occasion de) scandale*[7]*;* c'est-à-dire qu'étant *dans la lumière* du savoir, il ne dit ni ne fait jamais la moindre chose qui *scandalise* son frère, ayant appris de Notre-Seigneur quelle condamnation risque celui qui *scandalise* son frère : *Il vaudrait mieux pour lui,* dit-il, *de se voir suspendre au cou une (de ces) meules (que tournent) les ânes, et d'être englouti au fond de la mer, plutôt que de scandaliser un de ces petits qui croient en moi*[8], ceux-là au sujet desquels il donne ce sévère avertissement : *Veillez à ne mépriser aucun de ces petits qui croient en moi,* dit-il, *car leurs anges voient sans cesse le visage de mon Père du ciel*[9].

[46] Soucions-nous donc les uns des autres et ayons *les uns pour les autres* de charitables *égards : Aimez vos frères,* dit Paul, (l'apô-

1 *Jean,* XV, 14. 2 *Jean,* XIII, 35. 3 1 *Jean,* IV, 20 ; II, 4. 4 1 *Jean,* II, 10. 5 *Ibid.,* 11. 6 *Is.,* LIX, 10. 7 1 *Jean,* II, 10. 8 *Matth.,* XVIII, 6. 9 *Ibid.,* 10-11.

tre) *de choix*[1], *ayez de l'amitié les uns pour les autres, prévenez-vous mutuellement d'égards*[2]. Il exige de nous l'égalité dans la charité mutuelle afin que (celle-ci en) reçoive davantage d'intensité et qu'elle grandisse par l'équivalence des égards de l'amitié; car il sait que notre charité mutuelle ne peut subsister ni grandir en intensité si l'amour de l'aimé n'égale pas celui de l'amant; si tel n'est pas le cas, en effet, l'amour de l'amant se refroidit, quelque grand qu'il soit, (celui-ci) ne tolérant pas que son amour soit payé de mépris.

[47] Écartons donc de nous le mépris et le dédain de nos frères, et accroissons notre charité par les égards mutuels[3]; car les égards * p. 48 produisent la croissance de la charité, * lui communiquent flamme (et) chaleur, embrasent et attisent son affection, tandis que le mépris et le dédain éteignent sa flamme, la rendent froide et languissante, et finissent par amener à sa place l'envie et la haine, et par donner naissance à l'aversion, au lieu de son affection, au point qu'on ne supporte même plus le contact de l'ami d'hier, et qu'on se dispose peut-être à le faire périr par envie, sinon au fil de l'*épée* et au grand jour, du moins par la *langue* et dans le cœur[4].

[48] *Quittons* donc la *mort* amère de l'envie *pour la* douce *vie* dans la charité, et *aimons-nous* pleinement les uns les autres, afin de demeurer dans la vie spirituelle[5]. Ne *tuons* pas nos *frères* par l'envie, le cœur haineux, *comme Caïn,* de peur de mourir également, de par la sentence divine[6]; car de même qu'un meurtrier ne peut rester en vie, parce qu'un ordre (de la Loi) le livre à la mort[7], ainsi également celui qui déborde d'envie, de haine et de *vaine colère contre son frère* est-il condamné par Notre-Seigneur, comme un meurtrier public, à la sentence de mort et au châtiment de la *géhenne*[8]. Dès à présent, il reçoit un châtiment, par manière d'avant-goût, comme Caïn, son compagnon[9] : son envie et sa haine elles-mêmes l'irritent et l'agacent; sa bile venimeuse se ramasse en lui comme un serpent tortueux; sa *rage* ne pouvant faire son œuvre au-dehors et injecter sa bile à d'autres *comme le scorpion*[10], il se tue lui-même par sa cruelle colère, dévoré par sa bile rabique qui

1 *Actes,* IX, 15. 2 *Rom.,* XII, 10. 3 Cfr 1 *Thess.,* III, 12; *Rom.,* XII, 10.
4 *Ps.* LXIV, 3-4. 5 1 *Jean,* III, 14. 6 *Ibid,,* 12, 15. 7 Cfr *Ex.,* XXI, 12.
8 *Matth.,* V, 21-23. 9 Cfr *Gen.,* IV, 11-12. 10 *Ps.* LVIII, 4.

lui reflue au cœur avec les pensées méchantes, telle une vipère (dévorée) par le petit monstre qu'(elle porte) en son sein. Ainsi, son teint pâlit, son corps languit, son âme s'assombrit de chagrin, il vacille, il défaille, il geint, à l'image d'un malade cruellement affligé et torturé, ou plutôt, comme un possédé du démon [1].

[49] C'est un démon, en effet, que la rage des bilieux, et bien plus méchant que le *venin de l'aspic* [2]; car l'aspic ne détruit pas tant qu'il ne mord point, tandis que ceux qui sont égarés par la rage détruisent intérieurement par l'envie, alors même qu'ils restent calmes extérieurement, et ils exhalent * (leur) colère contre * p. 49
leurs frères comme le dragon son haleine : *Leur rage est un venin de dragon, une tête de vipère venimeuse,* dit (l'Écriture) [3]. Malheur à l'homme troublé par la colère, égaré par la rage, *enivré* d'envie comme de *vin*! Malheur donc à celui qui *s'enivre, mais non pas de vin,* qui *se soûle, mais non pas de bière,* mais qui est *enivré* d'envie, et *soûl* de l'ardeur de la colère [4]! Que chacun se lamente sur celui-là et le pleure, car il livre sa vie au supplice, et convie son âme au châtiment.

[50] Écartons de nous, bien-aimés, la méchanceté de l'envie et la cruauté de la colère, qui appliquent le corps et l'âme à une torture constante [5], et acquérons une vraie charité envers chacun, le cœur limpide et bon, afin qu'ainsi notre corps embellisse et s'épanouisse, et que notre âme devienne lumineuse et joyeuse [6]. *Cœur bienveillant fait belle figure* [7], dit l'Écriture, mais : *Cœur obstiné se charge de peines* [8].

[51] Abondons en charité pour tous, *pour les bons et pour les méchants, pour les justes et pour les injustes,* à l'image de Dieu lui-même, *qui fait lever le soleil* de sa bienveillance *sur les bons et sur les méchants, et (qui) fait tomber la pluie* de sa grâce *sur les justes et sur les injustes* [9]. N'*aimons* pas notre *prochain* tout en *haïssant* nos *ennemis,* suivant l'ancien commandement [10]. N'*aimons* pas uniquement *ceux qui nous aiment,* en négligeant les autres, (ceux) qui nous méprisent, de peur de demeurer sans *profit,* comme *les publicains* et les prostituées, suivant la parole du

1 Cfr *Job,* v, 2; xx, 12-16. 2 *Ps.* lviii, 4; *ḥamtā* = « venin » ou « rage ». 3 *Deut.,* xxxii, 33. 4 *Is.,* xxix, 9. 5 Cfr *Eccli.,* xxx, 26. 6 Cfr *Matth.,* vi, 22. 7 *Prov.,* xv, 13. 8 *Eccli.,* iii, 27. 9 *Matth.,* v, 45. 10 *Ibid.,* 43.

Christ[1]; mais faisons libéralement preuve de charité envers tous, (envers) *ceux qui nous aiment* comme (envers) ceux qui nous méprisent, afin d'honorer l'*image* de Dieu; chérissons les justes comme les pécheurs, car ils sont tous faits *à la ressemblance* de Dieu[2]. Réjouissons-nous avec les justes et imitons leurs bonnes œuvres; plaignons les pécheurs, supplions Dieu pour eux et avertissons-les par de bonnes paroles, s'ils y consentent[3].

[52] Que nul ne haïsse méchamment les pécheurs, de peur de ressembler aux démons qui haïssent l'image de Dieu[4]. Or celui qui hait l'homme pécheur ne le plaint pas et ne supplie pas (Dieu) pour lui, mais exhale contre lui sa colère. Déteste donc les œuvres de l'homme pécheur, mais non (le pécheur) lui-même; lui, plains-le et verse sur lui des larmes. Telle est, en effet, la
* p. 50 volonté * du Christ, pleurant sur Jérusalem, qui allait le crucifier[5], et demandant grâce (pour ses bourreaux) lors de son crucifiement[6]. Imitons-le donc, tout comme les Apôtres l'ont imité, eux aussi; aimons *tous les hommes,* parce que *Dieu veut que tous soient sauvés*[7]. Ne haïssons que Satan, qui hait Dieu; quant aux hommes, même s'ils sont les *ennemis* de Dieu et les nôtres, *prions* pour eux avec beaucoup de charité, suivant l'ordre du Christ : *Aimez vos ennemis, bénissez vos persécuteurs, priez pour ceux qui vous violentent et vous persécutent*[8].

[53] Nos *ennemis* et nos *persécuteurs* à nous sont forcément ses ennemis à lui et les persécuteurs de sa vérité; mais, encore qu'ils soient tels, il a dit : *Aimez*-les et *priez pour* eux, en *sorte de devenir les enfants de votre Père du ciel,* qui est, lui, bienveillant *pour les justes et pour les injustes*[9].

[54] *Aimons* donc nos *ennemis,* grâce auxquels nous (pouvons) imiter davantage la grande charité de Dieu; car *c'est alors que nous étions ses ennemis que Dieu s'est réconcilié avec nous par la mort de son Fils*[10]. Apaisons, nous aussi, leur animosité par nos œuvres bonnes; extirpons la haine (qu'ils nous portent) par notre amitié pour eux; adoucissons leur aigreur par notre humble charité et par notre sérénité. A plus forte raison, *vivons en paix avec tous*

1 *Matth.,* v, 46-47. 2 *Gen.,* I, 27. 3 Cfr 1 *Cor.,* XII, 26; XIII, 6-7. 4 Cfr *Sag.,* II, 22-24. 5 Cfr *Luc,* XIX, 41. 6 Cfr *Luc,* XXIII, 34. 7 1 *Tim.,* II, 4. 8 *Matth.,* v, 44. 9 *Ibid.,* 44-45. 10 *Rom.,* v, 10.

les hommes, pour ce qui est de notre part[1], et prions avec charité, suivant le *conseil* de celui qui *a reçu de Dieu la grâce d'être digne de confiance*[2] *: Priez pour tous les hommes*, dit-il, *pour les rois et pour les grands, afin que nous habitions une demeure calme et tranquille, en toute piété et pureté. Voilà ce qui est bon et agréable à Dieu notre Sauveur, qui veut que tous les hommes soient sauvés et se convertissent à la connaissance de la vérité*[3].

[55] Gloire à lui, et puisse-t-il faire régner en nous sa charité à jamais! Amen.

* [1] (CHAPITRE) CINQUIÈME. — De l'éloignement du siècle[4] et du renoncement rigoureux. * p. 51

[2] Ceux qui sont pleinement absorbés dans l'amour divin et en qui l'amitié du Christ est abondamment affermie ne peuvent posséder avec lui aucune autre chose séculière, ni grande ni petite[5]. Spontanément, ils se dépouillent de tout et (y) renoncent, se coupent du siècle tout entier et s'en bannissent, se font étrangers à tout ce qui est sien et s'estiment comme déjà morts pour lui[6]. Dans le dénuement, ils l'abandonnent et le quittent pour vivre à l'étroit sur leur *terre de pèlerinage*[7], *dans l'attente*, la recherche et le désir de leur bonne et magnifique *cité*, solidement fondée dans le ciel[8].

[3] (Citoyens), en quelque sorte, d'un autre monde, ils vivent auprès de Notre-Seigneur, se nourrissent de sa grâce, sans souci, comme (ils feront) dans la vie nouvelle[9], et répètent devant lui ses propres (paroles) : *Notre Père du ciel, que ton nom soit sanctifié*[10]! Nous sommes, disent-ils, tes propres enfants. C'est vers toi que nous regardons sans cesse[11]. Nous n'avons point d'autre père sur la terre; nous n'avons dans le siècle ni patrie ni famille. *Nos*

1 *Rom.*, XII, 18. 2 1 *Cor.*, VII, 25. 3 1 *Tim.*, II, 1-4. 4 Litt. : « la condition de pèlerin » (ξενιτεία). 5 Cfr *Matth.*, VI, 24; XIX, 27. 6 Cfr *Col.*, II, 20; *Gal.*, VI, 14. 7 *Hébr.*, XI, 13. 8 *Hébr.*, XIII, 14. 9 Cfr *Col.*, III, 1-3; *Matth.*, VI, 25-34. 10 *Matth.*, VI, 9. 11 Cfr *Ps.* CXXIII, 1-2.

(liens de) famille, (nous les tenons) de toi[1], *qui es notre père et (notre) sauveur, (toi) dont le nom est éternel*[2]. Nous t'étions devenus *étrangers*[3]; mais par ton *Fils* Jésus, tu nous as sauvés, tu nous as ramenés à toi et tu nous as faits ses propres *frères* et *cohéritiers*[4]. Désormais, nous n'avons plus part à l'héritage des fils de la terre; *nous n'avons plus ici-bas de cité permanente, mais nous attendons celle qui doit venir, celle qui est au ciel*[5].

[4] *Que ton règne arrive donc*[6], nous le souhaitons! Tu nous as faits tes propres *enfants* en mystère : *conduis*-nous intérieurement par ton propre *esprit*[7]. Nous avons eu *accès à la cité* de ton *royaume* d'en haut et nous le *recherchons*[8]; nous aspirons à monter vers *la Jérusalem céleste*[9]; nous y habitons dès à présent comme en mystère[10].

[5] *Que ta volonté se fasse* en nous, sur notre *terre de pèlerinage, comme* dans notre demeure *céleste*[11], afin que *ton nom soit* constamment *sanctifié* en nous[12]! Tu nous as *inscrits dans l'Église des prémices célestes*[13] : *accomplis* en nous *ta volonté comme au (ciel)*[14]. Tu nous as rendus semblables à tes *anges* du ciel[15] : rends-nous
* p. 52 dignes * de *sanctifier ton nom* comme eux[16]. Nous nous sommes expatriés sur la terre[17] : puissions-nous devenir leurs familiers dans ton ciel[18]. Nous avons *abandonné* la terre et ses richesses : donne-nous en partage le ciel et ses biens[19].

[6] Et puisque notre corps a encore besoin des choses d'ici-bas, Seigneur, *donne-nous* chaque jour *le pain dont nous avons besoin*[20]. De notre côté, nous *cherchons d'abord* ton *royaume et* ta *justice,* conformément à ton ordre; toi, donne-nous *par surcroît* ce que tu *sais* qu'*exige* notre nature mortelle, conformément à ta promesse[21]. Nous nous garderons bien de posséder avec toi aucune chose de la terre, *ni bourse ni besace*[22]; nous avons l'assurance que tu veilleras sur nous comme tu as aussi veillé sur tes disciples, si nous nous attachons à toi comme eux, exclusivement, sans rien[23] : il ne leur a

1 Cfr *Actes*, XVII, 28. 2 *Is.*, LXIII, 16. 3 *Col.*, I, 21. 4 *Rom.*, VIII, 17, 29. 5 *Hébr.*, XIII, 14; XI, 16. 6 *Matth.*, VI, 10. 7 *Rom.*, VIII, 14. 8 *Hébr.*, XII, 22; *Matth.*, VI, 33. 9 *Hébr.*, XII, 22. 10 Cfr *Phil.*, III, 20. 11 *Hébr.*, XI, 13; *Matt.*, VI, 10. 12 *Ibid.*, 9. 13 *Hébr.*, XII, 23. 14 Cfr *Matth.*, VI, 10. 15 *Ps.* VIII, 5. 16 Cfr *Matth.*, VI, 9; *Is.*, VI, 3. 17 Cfr *Hébr.*, XI, 13. 18 Cfr *Matth.*, XXII, 30. 19 *Matth.*, XIX, 27. 20 *Matth.*, VI, 11. 21 *Ibid.*, 32-33. 22 *Luc*, X, 4; cfr *Phil.*, III, 8. 23 Cfr *Matth.*, VI, 30; XIX, 27.

rien manqué; à nous non plus, *il ne manquera rien*[1]. Tu es le *bon Pasteur*[2] et tu ne laisses *manquer de rien* les *brebis* qui *écoutent ta voix* et qui sortent du siècle pour te suivre[3]. Nous sommes partis *au désert* pour te suivre[4], dans le dépouillement, sans souci, le cœur candide; nous nous en sommes *remis à toi* pour que tu nous *nourrisses*[5]. *Installe*-nous *dans* tes *gras pâturages*[6], afin que nous y circulions gaiement et que nous (y) trouvions provende. *Conduis*-nous *aux eaux tranquilles* de ta douceur[7] afin que nous nous y délections avec toi, comme des agneaux dans les pacages verdoyants[8].

[7] *Ramène* pleinement notre *âme* à toi en *(nous) pardonnant nos dettes,* et *conduis-moi* bien haut *par les chemins de ta vérité,* afin que *nous pardonnions, nous aussi, à ceux qui nous doivent*[9]. Fais-nous entendre les doux accords de ta flûte, afin que nous brûlions de courir à ta suite. Ainsi, grâce à la douceur de ton nom suave, nous *marcherons dans les gorges des ombres funèbres sans craindre le Malin, car c'est toi qui nous accompagne* (et) qui nous sauve; et pour peu que tu nous aies conduits par ta *houlette ferrée* de *pasteur, console*-nous par ton *sceptre* royal, droit (et) fait d'or fin[10].

[8] *Et ne nous fais pas entrer en tentation* au-delà de nos forces, *mais délivre-nous du Malin,* notre ennemi[11]. Contre lui *dresse devant* nous *une table* délicieuse, qui le rendra bilieux et aigri; *oins*-nous *la tête de l'huile* joyeuse de *ta grâce* et *enivre*-nous de ton ardente charité[12], pour que nous nous réjouissions * à te louer joyeusement, (* p. 53) accompagnés *tous les jours de* notre *vie* par *ta grâce et ta miséricorde,* et que nous nous fixions pour toujours *à demeure* chez toi[13]. Tu peux faire cela, Seigneur, pour ceux qui s'attachent à toi, par ton bras et ta grande puissance[14], *car tiennes sont royauté, puissance et gloire à tout jamais! Amen*[15].

[9] Voilà donc ce que demandent en prière et ce qu'accomplissent en actes ceux qui accompagnent le Seigneur dans la perfection[16] : pas la moindre des choses profanes du siècle n'(occupe) leur pensée,

1 *Luc,* XXII, 35. 2 *Jean,* X, 11. 3 *Ps.* XXIII, 1; *Jean,* X, 16. 4 Cfr *Ps.* LV, 7. 5 *Ibid.,* 22; cfr *Matth.,* XV, 32-37. 6 *Ps.* XXIII, 2. 7 *Ibid.* 8 Cfr *Sag.,* XIX, 9. 9 *Ps.* XXIII, 3; *Matth.,* VI, 12. 10 *Ps.* XXIII, 4; II, 9. 11 *Matth.,* VI, 13; 1 *Cor.,* X, 13. 12 *Ps.* XXIII, 5. 13 *Ibid.,* 6. 14 Cfr *Ps.* LXXXIX, 13. 15 *Matth.,* VI, 13. 16 *Ibid.,* 33; XIX, 21.

mais (le siècle) n'est pour eux qu'(objet de) mépris et de dédain [1]. La fortune n'est comptée pour rien à leurs yeux, ni ses aises, ni la gloire et les honneurs (qu'elle procure), ni un grand nom et une noble extraction, ni la race et la patrie, ni le commerce d'une intime amitié, ni l'affection naturelle envers les parents, ni l'amour légitime pour les frères de sang, ni l'intimité de la société conjugale qui *(unit en) un seul corps* [2], ni les liens de l'amour instinctif pour les enfants (qui en sont nés).

[10] Toutes ces choses ne sont rien pour ceux qui sont affermis dans l'amitié divine; ils les *comptent pour du fumier,* en comparaison avec les richesses du *Christ,* et ils en *estiment le profit comme un* grand *dommage,* en comparaison avec le *profit* qu'ils trouvent dans le *Christ* [3]; car l'amour de Dieu qui est en eux a raison de toutes ces choses, refroidit l'affection et alanguit l'amitié (qu'ils pourrait leur porter) en les estompant toutes par son intense lumière, comme le soleil en plein midi (estompe) un lumignon. En effet, ceux (qui aiment Dieu) savent parfaitement qu'il est impossible d'être dans un même rapport vis-à-vis de Dieu et du siècle [4]; que l'amour de Notre-Seigneur (ne peut) demeurer en eux en même temps que l'amour naturel [5]; qu'ils *ne (peuvent)* même s'attacher à lui et le servir comme *disciples,* tant qu'ils restent liés à tout cela [6].

[11] Voilà pourquoi ils se sont éloignés de tout pour s'approcher de Dieu seul [7]. C'est qu'un jour, ils ont entendu Notre-Seigneur (leur) dire : *Quiconque parmi vous n'abandonne pas tous ses biens ne peut devenir mon disciple* [8]; et encore : *Vous ne pouvez servir*
* p. 54 *Dieu et l'argent* [9]; * et encore : *Quiconque aime son père ou sa mère plus que moi n'est pas digne de moi, et quiconque ne prend pas sa croix pour venir à ma suite n'est pas digne de moi* [10].

[12] Car il est bien nécessaire que celui qui *prend la croix* et s'empresse de *suivre* Notre-Seigneur [11] *renonce à toute chose,* afin de n'être gêné en rien dans son travail au service de la croix, de n'être pas comme entravé de liens par l'amour des affaires séculières et retenu dans (sa) *course* rapide vers la croix [12]. De même

1 Cfr 1 *Cor.*, VII, 32-35; *Phil.*, III, 8. 2 *Matth.*, XIX, 6. 3 *Phil.*, III, 8. 4 Cfr *Matth.*, VI, 24; *Jacques*, IV, 4. 5 Cfr 1 *Jean*, II, 15. 6 *Luc*, XIV, 33. 7 Cfr *Matth.*, XIX, 27. 8 *Luc*, XIV, 33. 9 *Matth.*, VI, 24. 10 *Matth.*, X, 37-38. 11 *Ibid.*, 38. 12 1 *Cor.*, IX, 24-25; VII, 32.

que ceux que l'on mène à la croix pour (y) mourir [1] repoussent et rejettent de leur esprit (la pensée de) tout ce qu'ils possèdent, pour ne se dépeindre que leur mort sur la croix, ainsi également ceux qui s'approchent de la croix du salut pour y *crucifier leur chair* [2] et *offrir* leur *corps en sacrifice vivant, saint, agréé et agréable à Dieu* [3] doivent-ils rejeter de leur esprit (la pensée de) toutes les choses du siècle, pour ne songer qu'à leur vie pénible de crucifiés et à leur *mort de chaque jour* [4], en se *dépeignant* constamment l'archétype de notre salut [5], Notre-Seigneur *Jésus-Christ crucifié* [6].

[13] Et encore, à l'image de ceux qui descendent nus dans l'arène, sans quoi ils (risqueraient) d'être retenus par leurs vêtements et d'avoir le dessous, — qu'eux également, descendant au combat contre le méchant *Prince de ce siècle* [7], se dépouillent de tout ce qui est matériel dans le siècle; sans quoi ils ne pourraient peut-être pas plus lui échapper par la course que ceux qui sont chargés du fardeau de la matière du siècle, et (Satan) les retiendrait aisément par ce qu'ils portent sur eux et il les fracasserait au sol dans sa violente méchanceté.

[14] *Les coureurs du stade, qui courent pour recevoir une couronne incorruptible,* doivent donc se délester de tout et renoncer (à tout) [8], c'est-à-dire, courir nus sur leur propre piste. *L'athlète s'abstient de tout,* dit (l'Écriture) [9]. Il leur faut * *s'abstenir de tout* ce qui fait (* p. 55) obstacle à leur course et y renoncer : non seulement aux biens de la fortune, mais encore aux aises qu'ils (procurent) ; non seulement à (ces) aises, mais encore aux passions (qu'elles engendrent) ; non seulement à (ces) passions, mais encore aux pensées mauvaises qui s'y rapportent; non seulement à (ces) pensées, mais encore aux présomptions de l'esprit [10].

[15] Car quel avantage y a-t-il à renoncer à la fortune, tout en restant attaché aux aises (qu'elle procure)? Quel profit y aurait-il à se priver de ces aises, tout en satisfaisant sur d'autres (points) les passions (qu'elles engendrent)? Ou encore, que servirait-il de trancher les passions, tout en s'adonnant avec délices au-dedans du cœur aux pensées (qui s'y rapportent)? Mais encore, à quoi bon s'affranchir complètement de tout cela, pour périr totalement dans

1 Litt. : « pour sortir ». 2 *Gal.*, v, 24. 3 *Rom.*, xii, 1. 4 *Luc*, ix, 23; 1 *Cor.*, xv, 31. 5 *Gal.*, iii, 1; *Hébr.*, ii, 10. 6 *Gal.*, iii, 1. 7 *Jean*, xii, 31; *Éph.*, vi, 12. 8 1 *Cor.*, ix, 25. 9 *Ibid.* 10 Cfr ci-dessous, §§ *15* et *46*.

une présomption infatuée? Il faut donc renoncer également à tout cela : aux biens du corps et à ses passions; aux pensées mauvaises de l'âme et (à) ses présomptions.

[16] Celui qui renonce à la fortune, tout en restant attaché aux aises (qu'elle procure), reste, en réalité, le compagnon du riche fastueux, puisque (tout) ce que le riche trouve dans ses biens, lui aussi le trouve identiquement dans les aises (qu'ils procurent). Voire, il est plus fastueux encore, car tandis que celui-là est harcelé par la préoccupation et les soucis harassants de sa maison, celui-ci vit à l'aise et savoure le luxe sans peine, ne se souciant que de lui-même c'est-à-dire, de nourrir son corps de convoitises [1]. Tout en s'imaginant démuni de fortune, il en jouit davantage que le riche le plus fastueux. Hormis le seul fait qu'il ne connaît pas les fatigues du travail, — (car) il ne cultive pas la terre, ne plante ni jardins ni vignes, n'élève ni troupeaux ni bétail, — pour le reste, (il ressemble au riche) en s'emmagasinant en abondance tout l'ensemble des convoitises [1] pour s'engraisser le corps : vraiment, un tel (homme) est plus misérable que le riche le plus avide du siècle!

[17] Beaucoup se préoccupent de la sorte d'amasser ce qui sert à la vie, au point d'amasser et de thésauriser à profusion objet
* p. 56 sur objet, * estimant comme une chose indifférente de s'amasser les objets les plus divers, en plus de leur nécessaire. Pour moi, j'estime qu'il y a déjà ici une velléité mauvaise de l'avidité, un amour exagéré des choses passagères, un fruit issu de la racine de l'avarice [2], un attachement à la volupté du siècle.

[18] Et ne viens pas me dire qu'on renonce à la fortune et que l'on est étranger au siècle parce qu'on ne possède ni troupeaux, ni bétail, ni maison, ni bois, ni terres, et parce qu'on se prive et qu'on se sépare de ses parents, de ses frères et de ses cousins [3]; car on en possède l'équivalent, en réalité et en pensée, dans les petites choses pour lesquelles on a de l'affection et auxquelles on est attaché comme par une chaîne [4], ainsi que dans la société que l'on a avec les autres laïcs, mais surtout avec les riches.

[19] Celui-là qui, dans le siècle, était de basse condition, un croquant (parvenant) à peine à se rassasier de pain à la sueur de son

1 Ou, plus exactement, « ce qui est susceptible de convoitise ». 2 Cfr 1 *Tim.*, VI, 10. 3 Cfr *Matth.*, XIX, 29. 4 Cfr 1 *Cor.*, VII, 32-35.

front, une fois venu à la pauvreté selon le Christ, qui exige l'éloignement de toutes les choses du siècle, avec les outrages et le mépris [1], le voici, grâce à la quête, en possession d'une abondance de biens délicieux. Il mène un train de luxe et de faste, comme les grands du siècle, se pavane et se rengorge parmi les riches patriciens. Ce croquant a honte d'accoster les pauvres, ses pareils, mais il insiste pour aborder les riches notabilités. De ceux-là, il s'écarte et se distingue, soi-disant par amour du recueillement, — entendez, parce que (les pauvres) n'ont rien pour lui jeter dans la bouche et dans les poches; — mais avec ceux-ci, il entre en relations et se lie de société, en juste, cherchant soi-disant le profit des âmes, — entendez (qu'il cherche) à remplir ses poches d'argent et sa cellule (de toutes sortes) d'objets, ou plutôt, à se faire connaître et louer, grâce à (ces relations), par le monde entier.

[20] Il lui est pénible d'adresser un petit mot de réconfort à ses congénères les pauvres, pour son profit, et peut-être même les prend-il en aversion, parce qu'ils l'en sollicitent; mais il se complaît à fréquenter les riches tout le jour, à son (grand) dam, parce qu'ils lui donnent de (ce) *feu qu'ils ont amassé* par leurs fraudes [2], afin de faire de lui leur associé dans les méfaits de leur cupidité et de le perdre avec eux. * Bien que (ces riches) soient * p. 57 fort scélérats, l'amitié qu'il leur (porte) en son cœur croît avec leurs largesses. *Avisés* qu'ils sont *dans* leurs *affaires séculières*, eux-mêmes en réchapperont peut-être, grâce à lui, et obtiendront miséricorde [3]; mais lui sera condamné à cause d'eux et englouti par le poids de leur fortune. Aussi (ne) reçoit-il (que) du mépris en retour des flatteries que sa cupidité lui avait inspirées, et ils *calomnieront le beau nom de sa vocation* [4]; car ils sont habiles à remarquer la (cupidité), dans leur *sagesse mondaine* [5], et ils méprisent celui qui s'y attache, tout attachés qu'ils y sont eux-mêmes.

[21] Voilà ce que produit la société des riches : perdition de l'âme, outrages, ridicule et *blasphème*. C'est donc à juste titre que l'apôtre *Jacques*, (ce) *serviteur de Dieu* [6], dit à l'adresse de pareils hypocrites : *Ne sont-ce point les riches qui se dressent contre vous? (ne) sont-ce (point) eux qui vous traînent au tribu-*

[1] *Matth.*, VI, 24; V, 11. [2] *Jacques*, V, 3-4. [3] *Luc*, XVI, 8. [4] *Jacques*, II, 7. [5] *Luc*, XVI, 8. [6] *Jacques*, I, 1.

nal? ne sont-ce point eux qui blasphèment le beau nom que l'on a invoqué sur vous[1]*?*

[22] Dis(-le) moi donc : sont-ce là des pauvres (volontaires), des *enfants de lumière,* étrangers à ce siècle de *ténèbres*[2]*?* Est-ce là le renoncement et la pauvreté selon le Seigneur[3]? Non, ce n'est point là la pauvreté de ceux que le Seigneur *a choisis*[4], mais qui, bien que *pauvres et démunis de tout, détiennent toute chose* en Dieu et *enrichissent beaucoup* de pauvres[5] : ceux-là sont indifférents aux enfants de la terre et à leur fortune; ils sont dans la gêne, même pour leur nécessaire : *Jusqu'à cette heure,* disent-ils, *nous souffrons la faim, la soif, la nudité, nous sommes maltraités et sans gîte, nous nous épuisons à travailler de nos mains, nous sommes devenus comme l'ordure du monde, le rebut de tous jusqu'à présent*[6]. Vois-tu comme la pauvreté rigoureuse selon le Christ et la condition de pèlerin étranger à tout[7] sont méprisées et flétries par toutes (sortes d')outrages? car un pèlerin est en butte aux outrages et vit dans la gêne, et non dans le respect et les aises.

[23] Le renoncement complet pour Dieu ne se contente donc pas d'écarter la fortune et les biens[8]; il méprise aussi toute chose superflue, dépassant le strict nécessaire. Le renoncement et la pauvreté véritables consistent à nous contenter, en ce qui regarde * p. 58 * notre corps, des exigences de la nature, c'est-à-dire, d'un vil habit avec une méchante *nourriture,* au jour le jour, suivant (ce) qu'a dit le divin Paul : *Nourriture et vêtement nous suffisent*[9].

[24] Mais que dire! car en voici beaucoup dont trois, voire quatre *tuniques* ne contentent pas les besoins excessifs; dont trois paires de *chaussures* n'assouvissent point l'exigence cupide[10]; que quantité de manteaux ne satisfont point, — et encore, fort chers et confectionnés à force de soins! — sans compter tous les objets d'usage superflu qu'ils entassent dans offices et greniers! Leur viatique leur est préparé libéralement par Dieu, jour après jour, comme celui de pauvres (volontaires) et d'ascètes[11]; mais eux thésaurisent un pécule dans leur bourse, comme des laïcs, pour des

1 *Jacques,* II, 6-7. 2 1 *Thess.,* V, 5. 3 Cfr *Matth.,* V, 3. 4 1 *Cor.,* I, 27-28. 5 2 *Cor.,* VI, 10. 6 1 *Cor.,* IV, 11-13. 7 Cfr *Matth.,* XIX, 21. 8 Cfr *ibid.* 9 1 *Tim..* VI, 8; cfr *Matth.,* XI, 31, 34. 10 Cfr *Matth.,* X, 10. 11 Cfr *Matth.,* VI 25-26.

temps à venir dont ils ne savent point s'ils y arriveront, oui ou non [1].

[25] Ils disent alors, comme je l'ai moi-même entendu : « Qu'y a-t-il donc à posséder un petit quelque chose, tant que l'on ne s'y attache point par l'affection! Ce n'est pas pour s'enrichir que l'on met en réserve; il faut, disent-ils avoir le nécessaire pour un an ou deux, de façon à ne pas être dans la gêne en cas de besoin. » — O esprit timoré! Ceci est (digne), non pas de chrétiens assurés que Dieu les approvisionnera [2], et moins encore de pauvres (volontaires) démunis de *besace* [3] et transcendant la terre, mais bien de païens *sans espérance* [4], et sans l'assurance que le Seigneur lui-même veillera sur eux [5]!

[26] Qui est plus riche que celui dont l'espérance est en Dieu? A quelque moment que celui-là (lui) demande quelque chose, soit pour ses propres nécessités, soit pour celles d'autrui, le Seigneur est près de lui, assez *riche pour* exaucer la requête *de quiconque l'invoque* [6], — encore que sa providence ait précédé sa requête [7]. *Qui donc l'a invoqué sans en être exaucé* [8]*?* ou qui a même eu besoin d'invoquer sa providence? car *il sait* ce qui est nécessaire à *nos besoins avant que nous ne (le) lui demandions,* et il nous prévient libéralement en générosité, suivant sa promesse [9].

* [27] (Comment) donc celui qui *donne* leur *nourriture* aux *bêtes* * p. 59
et aux *oiseaux,* parce que c'est de lui que *tous attendent* qu'il la leur *donne en (son) temps,* comme il est écrit [10], comment va-t-il négliger ceux qui le servent [11]? *Je n'ai (jamais) vu le juste abandonné,* dit (l'Écriture), *ni sa lignée cherchant du pain; mais tout le jour il a pitié, il prête, et sa lignée est bénie* [12]; et encore : *Les riches sont dénués et affamés, mais ceux qui cherchent le Seigneur ne manqueront d'(aucun) bien* [13].

[28] Défais-toi donc de ta bourse, et *demande au Seigneur qu'il te nourrisse* [14], car il est plus riche qu'une bourse! et c'est lui qui *donnera* libéralement (leur) *nourriture* à toi et à tous ceux qui

1 Cfr *Matth.*, VI, 34. 2 Cfr *ibid.*, 31-32. 3 *Luc*, X, 4. 4 Cfr 1 *Thess.*, IV, 13. 5 Cfr *Matth.*, VI, 32. 6 *Rom.*, X, 12; cfr *Matth.*, VII, 7-11. 7 Cfr *Matth.*, VI, 8. 8 *Eccli.*, II, 12. 9 *Matth.*, VI, 8, 32-33. 10 *Ps.* CXLIV, 15; *Matth.*, VI, 26. 11 Cfr *Matth.*, VI, 30. 12 *Ps.* XXXVII, 25-26. 13 *Ps.* XXXIV, 9-10. 14 *Ps.* LV, 22; cfr *Matth.*, X, 9.

viendront à toi [1]. Car il serait insensé que, alors que les *lions* féroces qui *rugissent après (leur) proie* demandent à Dieu leur *nourriture* et l'*attendent* (de lui) [2], un chrétien parfait, dont l'espérance transcende le siècle, laisse son espérance s'attacher à une bourse percée! Ne sais-tu donc pas que (ta bourse) est destinée à périr? Lors donc qu'elle aura péri, qui prendra soin de toi? n'est-ce pas le *Seigneur?* Mais comment *te nourrirait*-il alors que tu ne *t'en remets* qu'à ta bourse et non à lui [3]? Car si tu *t'en remettais* à lui, tu ne serais pas attaché à ce que tu possèdes, et le *jour parfait* ne tarderait pas pour toi [4].

[29] — Mais, vas-tu (me) dire, je ne suis pas attaché à ce que je possède! — Et comment donc n'y es-tu pas attaché, alors que ton frère, qui en a besoin, te le demande sans que tu (le) lui donnes? Serait-ce une chose minime, et que tu as en superflu, que tu refuses à ton frère, tu te la thésaurises en trésor d'iniquité [5]. Les saints se privaient même de leur nécessaire pour (en) soulager autrui, et toi, tu ne veux même pas renoncer à des choses superflues pour en soulager autrui, qui en a besoin!

[30] Ne sais-tu pas que c'est là le commencement du mal, suivant ce qu'a dit Isidore, le grand-prêtre [6], docteur parfait et ascète austère? « Le commencement du mal, dit-il, consiste à acquérir quelque chose de superflu sur la table commune, c'est-à-dire, sur la terre, et à se l'approprier. » De là commence à germer la *racine de*
* p. 60 *tous * les maux,* qui est *l'avarice,* suivant le mot de l'Apôtre [7]; elle produit peu à peu ses surgeons partout, grandit jour après jour en amassant, et croît jusqu'à devenir un grand arbre et à apparaître au vu de tous.

[31] Alors, nanti d'une fortune et pouvant parader parmi les riches, on convoite le siècle, on nourrit de sa fortune femme et enfants. Désormais, ce sont disputes et querelles avec les riches; on engage sa bourse dans les affaires, on est à l'affût de toute (occasion) d'augmenter sa fortune, on s'arrange pour voler tout le monde, afin d'arrondir son (bien); on parjure, on fraude, on tue

1 Cfr *Ps.* CXLIV, 15. 2 *Ps.* CIV, 21. 3 *Ps.* LV, 22. 4 Cfr *ibid.*, 23. 5 Cfr *Jacques,* V, 3; 1 *Jean,* III, 17. 6 S'agirait-il de ὁ ἀββᾶς Ἰσίδωρος ὁ πρεσβύτερος? Deux apophtegmes que l'*Alphabeticon* lui attribue traitent d'un thème semblable à celui-ci (nos 2-3; PG, 65, 236 A-B). 7 1 *Tim.*, VI, 10.

par l'usure, embrasé qu'on est du feu de l'avarice. On cherche à satisfaire sa convoitise de partout, mais plus on l'accomplit, plus elle se renforce; il ne lui est nullement loisible d'être saturée, mais plus on en mange, plus on en est affamé; plus on en boit, plus on en est altéré, en attendant que son incendie réduise sa victime en cendres.

[32] Un si grand mal provient de ce que l'on commence à posséder à part soi (si) peu (que ce soit). C'est ce qui est arrivé à beaucoup de frères de notre époque, et particulièrement à ceux qui vivaient en solitaires dans les lieux habités. Après avoir commencé par faire de grands progrès et être devenus éminents en conduite jusqu'à (se voir gratifiés) du pouvoir des miracles, ils finirent par glisser au plus profond de l'abîme du mal, pour s'être faits les esclaves de la passion de l'avarice, née en eux à partir de (bien) peu (de chose).

[33] Et quelle effroyable malice pourrait mieux se comparer à la leur que (celle de) ces cupides, de ces fripons (qui vivent) dans le siècle, (et) que la cupidité rend enragés au point de leur faire commettre la malhonnêteté de l'usure? Ne fût-ce pas là le cas, cependant, et n'en fût-il pas arrivé à ce (degré du) mal, il transgresse ouvertement les commandements et élimine la parole de Notre-Seigneur [1], celui-là qui commence à acquérir quelque menue monnaie, ainsi qu'une garde-robe trop bien fournie.

[34] Et je ne fais pas maintenant allusion à ces (mots), très parfaits, adressés aux Apôtres : *Ne possédez pas (de monnaie) d'or ou* * *de bronze dans vos bourses, ni chaussures, ni bâton, ni besace,* * p. 61
ni deux tuniques [2], encore que nous devions vraiment observer cela, nous qui avons reçu l'ordre de marcher sur leurs traces; mais qu'allons-nous faire de cette parole, qui fut adressée au commun des croyants : *Ne vous amassez point de trésors sur la terre* [3]; et encore : *Ne vous inquiétez pas pour votre vie* [4] *de ce que vous mangerez, ni pour votre corps de quoi vous vous vêtirez. La vie* [4] *n'est-elle pas plus précieuse que la nourriture, et le corps plus que le vêtement* [5]*?* C'est-à-dire : Celui qui vous a donné une *âme* tellement *plus précieuse* et plus magnifique que tout ce qui est sur

1 *Matth.*, VI, 19, 25. 2 *Matth.*, X, 9-10. 3 *Matth.*, VI, 19. 4 Litt. : « âme », avec le grec. 5 *Matth.*, VI, 25.

la terre, et qui vous a fait un *corps* plus gracieux et plus élégant que tous les corps de la création, négligera-t-il de vous nourrir de ces choses méprisables, comme (il le fait pour) tous les (êtres) de la création [1] ?

[35] Et, (voulant) nous faire affront par un exemple : *Imitez les corbeaux et tous les oiseaux du ciel,* dit-il : *ils ne sèment ni ne récoltent, ils n'engrangent point, ils ne possèdent ni offices ni greniers, mais votre Père les nourrit. Et vous, ne valez-vous pas plus qu'eux* [2] *?* C'est-à-dire : A combien plus forte raison celui qui a fait preuve d'une telle sollicitude pour nourrir les êtres non raisonnables ne vous donnera-t-il pas ses biens du ciel et ne gorgera-t-il pas vos cœurs de nourriture, à vous qui êtes son *image* vivante et sa *ressemblance* raisonnable [3] ! *Et du vêtement,* dit-il, *pourquoi vous en inquiéter? Observez comment poussent les lys sauvages : ils ne peinent ni ne tissent. Or je vous le dis : Salomon lui-même, dans toute sa gloire, n'a pas été vêtu comme l'un d'eux.* [4].

[36] Et, stigmatisant durement par leur exemple les *gens de peu de foi : Que si Dieu revêt de la sorte l'herbe des champs, qui est aujourd'hui et demain sera jetée au four,* dit-il, *ne (fera-t-il) pas bien plus pour vous, gens de peu de foi? Ne vous inquiétez donc pas en disant : Qu'allons-nous manger? qu'allons-nous boire? de quoi allons-nous nous vêtir? Ce sont là toutes choses dont les païens sont en quête. Or votre Père sait qu'à vous aussi, tout cela est nécessaire* [5].

[37] Vois-tu comment (Notre-Seigneur nous) interdit, par une
* p. 62 foule d'exemples, * de nous *inquiéter* des choses visibles et nous en remet à Dieu, à qui il appartient de s'inquiéter de *toute chair* [6], en (nous) exhortant vivement au renoncement et à la recherche des biens de la *justice?* De quoi faut-il donc *s'inquiéter* et *se mettre en quête? Cherchez d'abord le royaume de Dieu et sa justice,* dit-il, *et tout cela vous sera donné par surcroît* [7]. Et finalement, (voulant) couper court à la moindre *inquiétude : Ne vous inquiétez donc pas du lendemain,* dit-il : *demain s'inquiétera de lui-même. A chaque jour suffit son mal* [8], c'est-à-dire, sa peine. Comment donc (peux-tu) *t'inquiéter* pour les années et les siècles qui suivront,

1 Cfr *Matth.*, VI, 25; *Ps.* VIII, 6. 2 *Matth.*, VI, 26; *Luc*, XII, 24. 3 *Matth.*, VI, 26; *Gen.*, I, 27. 4 *Matth.*, VI, 28-29. 5 *Ibid.*, 31-32. 6 *Ibid.*, 31; *Ps.* CXXXV, 25. 7 *Matth.*, VI, 33. 8 *Ibid.*, 34.

alors qu'il t'est défendu de *t'inquiéter du lendemain* [1]? Comment ne paraîtrais-tu pas éliminer ostensiblement les commandements, par ton manque de *foi* [2], et te ravaler plus bas encore que l'humble classe des fidèles laïcs, à qui s'adressent ces ordres?

[38] Dis-moi donc : n'as-tu pas l'assurance que Dieu s'inquiète de toi et qu'*il est fidèle à sa parole* [3]? Pourquoi donc élimines-tu ses paroles par ta conduite et le prends-tu pour un menteur, en t'inquiétant d'amasser pour ta subsistance, comme s'il ne pouvait te nourrir [4], et en *mettant en réserve des trésors dont tu ne sais qui les emmagasinera* [5]?

[39] Mais réfléchis aussi à ce que Jean-Baptiste *déclara aux foules* [6]; peut-être n'est-ce pas moindre que ce que Notre-Seigneur déclara aux disciples [7] : *Que celui qui a deux tuniques,* disait (Jean), *partage avec celui qui n'en a pas, et que celui qui a de quoi manger fasse de même* [8]. Lors donc que tu aperçois un autre de tes semblables recroquevillé sous la bise parce qu'il n'a pas de quoi se vêtir et couvrir sa nudité, comment peux-tu conserver (tes) deux tuniques, à moins que tu sois un être cruel, impitoyable, en le négligeant quand tu le croises dehors [9], et que tu te trouves transgresser même le commandement ancien, qui dit : *Si tu vois un nu, vêts-le, et ne dédaigne aucun de tes semblables* [10].

[40] Et comment peux-tu encore avoir le moindre sou * dans ta bourse, tout en apercevant un autre, mourant de faim et manquant même de nourriture pour la journée [11], alors que ta propre table est abondamment garnie? Il paraît donc impossible de rien posséder en plus de son nécessaire, pour peu que l'on ait de la bienveillance pour son semblable, et que l'on ait à cœur d'accomplir parfaitement les commandements de Dieu [12].

* p. 63

[41] A combien plus forte raison ceux qui se sont définitivement attachés au Christ par la vie de la perfection ne peuvent-ils posséder en plus de lui aucune chose du siècle [13], tout en portant diligemment sa *croix,* suivant son ordre : *Vends tout ce que tu as, donnes-(en le prix) aux pauvres, prends ta croix et suis-moi* [14]! Tu le vois :

[1] *Matth.*, VI, 34. [2] *Ibid.*, 31. [3] *Ps.* CXLIV, 13. [4] Cfr *Matth.*, VI, 31-32. [5] *Ps.*, XXXIX, 6. [6] Cfr *Luc,* III, 10-11. [7] Cfr *Matth.*, X, 10. [8] *Luc,* III, 11. [9] Cfr *Ibid.*; 1 *Jean,* III, 17. [10] *Is.*, LVIII, 7. [11] Cfr *Matth.*, X, 9; *Is.*, VIII, 7. [12] Cfr *Ibid.* [13] Cfr *Matth.*, XIX, 27. [14] *Marc,* X, 21.

hormis la *croix,* il ordonne à celui qui veut le *suivre* de ne rien emporter du siècle, mais il va même jusqu'à lui refuser de *faire ses adieux à* ses parents et à toute *sa maisonnée,* (afin de) l'enlever entièrement à l'affection (qu'il a) pour eux et (de) le rendre étranger à ses compatriotes selon la chair [1]; et il ne lui *permet* pas d'*enterrer son père,* selon la loi de la justice [2], mais il le libère et le délie de tout ce qui est du siècle, *tel un mort libre* [3], lui ordonnant d'en sortir nu et de vivre en crucifié le *message* du *royaume de Dieu* [4].

[42] C'est ainsi que font tous ceux qui, sincèrement attachés à lui par la charité parfaite, *se font pauvres* de toute chose et y renoncent comme lui, *pour s'enrichir de sa pauvreté* [5]. Ils réduisent même leur train de vie, n'usent que de ce qu'exige impérativement la nature pour les maintenir en vie, repoussent loin d'eux toutes les choses superflues [6]; mais en esprit, c'est comme s'ils possédaient le monde entier [7], et dans le fait, *tout leur appartient, les choses présentes comme les futures* [8]. Ils sont *pauvres,* mais *riches,* comme (l')a dit le bienheureux Paul : *Pauvres, nous qui en enrichissons beaucoup; démunis de tout, nous qui détenons toute chose* [9].

[43] Acquérons donc également ce renoncement; renonçons entièrement à toutes les choses du *siècle,* puisque *tout ce qu'il contient*
* p. 64 * *est convoitise des yeux et vanité de l'âme,* et que *ce siècle passe avec sa convoitise,* comme il est écrit [10]. Sortons-en donc nus comme le baigneur (sort) de l'eau. C'est ainsi que nous en sortirons au jour de notre mort, même si nous ne le voulons pas à présent, car *nous n'avons rien apporté dans le monde,* dit l'Apôtre, *et il est clair que nous ne pouvons rien en emporter non plus* [11], sinon nos seuls péchés, qui en sortiront avec nous, de même que l'humidité de l'eau (adhère au) corps du baigneur. Ce sont eux qui nous consumeront au jour du jugement, et (qui) nous mettront à nu, à (notre grande) confusion [12].

[44] Pourquoi ne pas abandonner spontanément (le siècle), dont la nature nous privera par l'arrachement de la mort, et dont ce que nous aurons amassé nous sera inutile [13]? Ne soyons donc pas

1 *Luc,* IX, 61-62. 2 *Ibid.,* 59-60; cfr *Matth.,* XIX, 19. 3 *Ps.* LXXXVIII, 5. 4 *Marc,* X, 21; *Luc,* IX, 60. 5 Cfr *Matth.,* XIX, 27; 2 *Cor.,* VIII, 8-9. 6 Cfr 1 *Tim.,* VI, 8. 7 Cfr 2 *Cor.,* VI, 10. 8 1 *Cor.,* III, 22. 9 2 *Cor.,* VI, 10. 10 1 *Jean,* II, 16-17. 11 1 *Tim.,* IV, 8. 12 Cfr *Rom.,* II, 5. 13 Cfr *Ps.* XXXIX, 6.

plus sots que les *intendants malhonnêtes* du siècle [1]. Tandis qu'eux possèdent l'art de *se faire des amis avec l'argent malhonnête,* afin d'en être *reçus* chez eux, nous, censément *enfants de lumière* et devant les *recevoir sous* nos propres *tentes* [2], nous obscurcirions notre âme par leur fortune à eux, et nous demeurerions sur la terre ténébreuse, comme des enfants de ténèbres [3] !

[45] Le *cœur* de celui qui amasse des *trésors* sur la terre est (également) sur la terre, enténébré par la préoccupation de ses *trésors,* et on l'y abandonnera à la fin, pour être châtié dans les ténèbres [4] ; car le *cœur* qui songe à son *trésor* ne peut s'en arracher : *Là où est votre trésor,* dit (l'Écriture), *là est aussi votre cœur* [5]. Ne posséderais-tu en désir qu'une bagatelle, *là est* (ton) *cœur* [6]; il y songe, et en y songeant il s'obscurcit à la lumière de la vision divine [7]. *Donne* donc *aux pauvres tout ce que tu as,* afin que ton *trésor* soit *au ciel* [8], là où aucun dommage n'a plus prise sur lui [9]; alors ton cœur, sevré de la préoccupation d'ici-bas, élèvera son regard lumineux vers les trésors célestes et vivra dans la lumière qui (règne) là-haut [10].

[46] Écartons-nous donc spontanément, dès avant la mort, des choses passagères du siècle, qui ne possèdent (aucune) consistance et ne resteront pas (toujours) avec nous [11], afin d'échapper aussi aux péchés qu'elles contiennent (en germe), et à l'importunité de la préoccupation (qu'elles engendrent). Méprisons les charmes du siècle de corruption, et repoussons loin de nous tout ce qui dépasse (les besoins de) la nature ; * car tout ce qui dépasse le strictement * p. 65
nécessaire est superflu et sert en nous le désir de (nos) aises. Haïssons sans réserve les aises (procurées par) les objets qui servent la convoitise ; tuons, dans la tribulation, les passions qu'elles engendrent ; déracinons les pensées mauvaises qui en bourgeonnent ; et prenons garde qu'ensuite, une fois dans le renoncement parfait, la vaine présomption de la vertu n'entre dans notre âme et ne nous fasse périr de vanité, comme les riches arrogants du siècle [12]. Si donc (la présomption) se met à l'affût au-dedans de l'esprit, réprimandons-la sévèrement et boutons-la dehors.

1 *Luc,* XVI, 8. 2 *Ibid.,* 8-9. 3 Cfr *Job,* X, 21; 2 *Pierre,* II, 17. 4 Cfr *Luc,* XII, 34; 1 *Cor.,* VII, 32-33; *Matth.,* XXII, 13. 5 *Luc,* XII, 34. 6 *Ibid.* 7 *Matth.,* V, 8. 8 *Matth.,* XIX, 21. 9 *Matth.,* VI, 20. 10 Cfr *ibid.,* 22; *Col.,* III, 1-2. 11 Cfr *Ps.* XLIX, 16-17. 12 Cfr *Luc,* XVIII, 10-14.

[47] Ainsi, renonçant pleinement à toute chose et devenus totalement étrangers au siècle tout entier, nous pourrons suivre Notre-Seigneur avec une entière charité, et nous attacher à lui de tout notre esprit [1]; et nous pourrons lui dire hardiment avec l'amour d'un *Pierre : Voici que nous avons tout quitté pour te suivre* [2].

[48] Gloire à lui, et puisse-t-il nous attacher à lui parfaitement, à tout jamais! Amen.

[1] (CHAPITRE) SIXIÈME. — De la continence et de la sainteté [3].

[2] Il est élevé et sublime, l'échelon magnifique de la continence; il est bien grand et éminent, l'état splendide de la sainteté; car c'est l'ordre supérieur des Spirituels, qui transcende notre siècle à nous, l'image magnifique des phalanges de feu des *anges,* la condition nouvelle de la vie qui suivra le réveil des immortels, bénéficiaires de la *résurrection* et de Dieu [4]. Il sied et convient grandement de la pratiquer à (tous) les chrétiens véritables, devenus en mystère immortels et *enfants de Dieu* [5], mais particulièrement à ceux qui, attachés au Christ par la charité parfaite, se sont rendus par leur renoncement étrangers à tout ce qui est du siècle [6] et mènent à l'étroit leur vie d'humiliation, par leur éloignement du siècle, qui leur concilie (les faveurs de) Dieu [7].

[3] Bien que mortels, en effet, ils triomphent de (l'humiliation) et (la) surmontent, et ils acquièrent la splendeur et la gloire des
* p. 66 immortels, car ils renoncent * au mariage pour ressembler aux anges [8]. Dès la vie présente, ils dessinent en leur personne un type spirituel de la vie future, et ils montrent à découvert dans un corps mortel la condition glorieuse de l'immortalité [9]; car ils se lancent bravement au combat contre la nature charnelle, résistent à ses démangeaisons, insinuantes ou violentes, et en triomphent, terras-

1 Cfr *Matth.*, XIX, 21. 2 *Ibid.*, 27 3 Cette dernière au sens restreint de « pureté »; dans l'acception large et moderne du mot, la sainteté correspond à ce que Martyrius nomme « justice ». 4 Cfr *Matth.*, XXII, 30. 5 Cfr *Rom.*, VI, 4; VIII, 14-16. 6 Cfr *Matth.*, XIX, 27. 7 Cfr *Hébr.*, XIII, 13-14. 8 Cfr *Matth.*, XXII, 30. 9 *Ibid.*

sent ses dures convoitises, calment ses écarts impulsifs, détournent les assauts de ses passions, éteignent son feu intense, écrasent sans pitié les aiguillons de son affection, renversent son ordre naturel mènent sans trève une lourde guerre contre les élans cupides de son animalité; (bref), ils sont voués jour et nuit à un rude combat contre eux-mêmes, savoir, le corps contre l'âme, chacun d'eux s'efforçant d'attirer son pair (et compagnon) à son ordre naturel; *car la chair convoite ce qui nuit à l'esprit et l'esprit convoite ce qui nuit à la chair,* c'est-à-dire ce qui la met à l'étroit et la garde pure; *et ils sont tous deux en opposition mutuelle* [1].

[4] C'est à cette grande guerre et à cet antagonisme constant que sont voués ceux qui vivent leur vie dans l'état de la continence et dans la sainteté. C'est donc à juste titre que Notre-Seigneur le Christ a établi (celles-ci) au-dessus de la loi, en raison de la rigueur du lourd combat qu'elles impliquent; il n'a pas voulu les soumettre à une obligation, mais il les a laissées à la discrétion de celui qui désire la perfection, suivant (ce) qu'a dit l'Apôtre : *Pour ce qui est de la continence, je n'ai pas d'ordre de Dieu* [2].

[5] Car notre Dieu et Sauveur n'a pas voulu soumettre à une obligation légale ce qui transcende l'ordre de la nature, mais il l'a confié à la générosité de celui qui aime spontanément la sainteté et l'innocence, sachant que vivre dans le *célibat* dépasse de loin les forces de la nature mortelle et (n')appartient (qu')à la vie qui suivra la *résurrection,* ainsi qu'il a dit aux Pharisiens : *A la résurrection on ne prend ni femme ni mari, mais on est comme des anges de Dieu* [3].

* [6] Que faire donc, ô bienheureux Apôtre, puisque tu n'*as pas* * p. 67
d'ordre de Notre-Seigneur touchant la continence [4]? N'es-tu pas d'avis qu'il nous convient de nous en approcher? — Si, *je vous (le) conseille, en homme qui a reçu de Dieu la grâce d'être digne de confiance. J'estime que cela est une bonne chose en raison des nécessités du temps (présent, et) qu'il est expédient à l'homme de vivre ainsi. Es-tu lié à une femme? ne cherche pas à rompre; n'es-tu pas lié à une femme? ne cherche point de femme* [5]*!* C'est-à-dire qu'il est bon de persévérer dans la pureté du célibat; non

1 *Gal.*, v, 17. 2 1 *Cor.*, vii, 25. 3 *Matth.*, xxii, 30. 4 1 *Cor.*, vii, 25.
5 *Ibid.*, 25-27.

que *(le mariage)* soit un *péché*[1], mais parce qu'il distrait l'homme, *à cause des nécessités du temps (présent,* en le portant à) *songer aux choses d'ici-bas,* à s'inquiéter de *sa femme* et de ses enfants[2].

[7] (*En effet,* explique-t-il,) *celui qui est marié songe au siècle, aux moyens de plaire à sa femme; mais celui qui n'est pas marié songe à son Seigneur, aux moyens de plaire à son Seigneur.* Aussi est-ce par considération pour vous que je vous conseille de vous abstenir du mariage; *non pour vous tendre un piège, mais pour que vous (puissiez) vivre constamment auprès de votre Seigneur, dans un beau maintien, sans songer au siècle*[3]. C'est-à-dire que celui qui aime Notre-Seigneur, et qui entend avoir accès à sa société, doit s'écarter du mariage, pour pouvoir *être constamment auprès* de lui par une vie pure, sans être distrait par la *pensée* du *siècle*[4].

[8] *Et heureux est-il* vraiment *s'il demeure ainsi, suivant mon avis à moi,* dit (encore l'Apôtre) ; — *car moi aussi j'estime avoir en moi l'esprit de Dieu*[5]. *Quant aux célibataires et aux veuves, je déclare qu'il leur est expédient de demeurer comme moi. Mais s'ils ne (le) supportent pas, qu'ils se marient, car mieux vaut se marier que se consumer de convoitise*[6]. C'est-à-dire : Je voudrais les voir *demeurer comme moi* dans l'abstention du mariage, et je sais que cela *leur est expédient.* Mais s'ils ne peuvent résister par la constance aux passions de la nature, *mieux vaut* qu'ils se lient par le *mariage que de se consumer,* à cause de leur faiblesse, sous les démangeaisons de la *convoitise,* qu'ils allument contre eux-mêmes en la ressassant constamment et en se familiarisant avec ses impulsions; car la sainteté est (chose) bien ardue et pénible.

* p. 68 * [9] *Je voudrais que tous les hommes vivent purs comme moi,* dit-il (enfin) ; *mais chacun reçoit de Dieu son don, l'un comme ceci, l'autre comme cela*[7]. C'est-à-dire : Tout en désirant que chacun ait accès à l'innocence de la continence, je reste bien conscient de sa grandeur et de sa difficulté : sans un *don* de *Dieu* et (sans) une aide venant de lui, nul ne peut la pratiquer et en conserver la *pureté*[8]. Et ce n'est pas seulement cela que j'estime un don, mais aussi, dans le mariage, le fait de maintenir *son corps*[9] *dans le*

[1] 1 *Cor.*, VII, 28. [2] *Ibid.*, 33; *Col.*, III, 2. [3] 1 *Cor.*, VII, 32-35. [4] *Ibid.* [5] *Ibid.*, 40. [6] *Ibid.*, 8-9. [7] *Ibid.*, 7. [8] *Ibid.* [9] Litt. : « vase, instrument », avec le grec.

respect de la loi naturelle, sans (le livrer) aux *passions de la convoitise, comme les peuples* sauvages[1].

[10] Vois-tu comme le divin Paul exalte la continence et nous exhorte à la demander comme un *don* de *Dieu?* Il montre que provient d'un *don* de *Dieu,* non seulement le fait de pouvoir conserver dans sa limpidité la *pureté* de la continence[2], mais aussi celui de pouvoir vivre avec sa femme conformément aux lois d'un chaste mariage, pour la propagation de la nature (et) sans (céder aux) *passions de la convoitise*[3]. Or, si le mariage pur, (contracté) uniquement en vue de la procréation des enfants, ne peut s'observer sans un don de Dieu, à combien plus forte raison ne peut-on garder la limpidité de la continence et de la sainteté sans le secours et l'aide de la grâce?

[11] (Veux-tu) savoir exactement de combien la règle de vie de la continence dépasse les forces de la nature générative de l'homme, et (pourquoi) nul ne peut la pratiquer sans un don de Dieu? Apprends-le du Christ lui-même. Lorsqu'il expliquait aux Juifs qu'il n'est point permis au mari de répudier sa femme, sauf pour raison d'adultère[4], ses disciples, apercevant bien que la question de (savoir) si on va rompre ou non est pleine de nombreuses difficultés, et estimant plus commode de *ne point* du tout *se marier,* (lui) disaient : *S'il (peut) exister un tel délit entre mari et femme, il n'est pas expédient de se marier*[5]*!* Alors lui, cherchant à leur montrer l'importance de la question, et qu'il n'appartient pas à chacun de la mener à bien sans plus, * sans le *don* de la grâce de * p. 69
Dieu, leur dit : *Tous ne comprennent pas ce langage, mais celui-là (seul) à qui c'est donné*[6].

[12] Vous vous trompez bien, voulait-il dire, (si) vous estimez (la continence) comme une chose facile! C'est le fait de peu (de gens), de rares (exceptions), et encore, quand ils sont aidés par le secours de Dieu, qui les rend capables de la chose. Voici pourquoi il a dit : *Ceux à qui c'est donné*[7] *:* c'est pour montrer que, même chez ceux qui l'ont choisie, (la continence) est avant tout une grâce de Dieu, et qu'il n'appartient pas à la volonté de la réaliser effectivement; car ce n'est pas à nous d'accomplir ce que nous avons choisi, (mais) qui dépasse la nature[8].

1 1 *Thess.*, IV, 4. 2 Cfr 1 *Cor.*, VII, 7. 3 Cfr 1 *Thess.*, IV, 4. 4 *Matth.*, XIX, 9. 5 *Ibid.*, 10. 6 *Ibid.*, 11. 7 *Ibid.* 8 Cfr *Éph.*, III, 20; *Phil.*, II, 13.

[13] (Mais) il (veut) encore montrer que ce n'est pas le célibat en soi qui est digne de louange, mais bien le fait de le choisir spontanément en vue de la crainte de Dieu. C'est donc dans ces qualités et dans cette élection qu'il montre la supériorité du célibat ; avertissement pour tous de ne pas y voir le bonheur suprême et de ne pas fixer le sommet de la perfection en lui, mais bien dans la charité envers Dieu [1] et dans la diligence dont il faut faire preuve, avec le célibat, dans l'exercice du bien [2].

[14] Et c'est pourquoi il poursuit : *Il y a des eunuques qui sont nés ainsi du sein de leur mère, il y en a qui le sont devenus par (l'action) des hommes, et il y en a qui se sont eux-mêmes rendus tels en vue du royaume des cieux* [3]. C'est-à-dire : Il ne faudrait pas non plus que vous jugiez le célibat admirable en soi ; car *il y a (des eunuques) qui sont nés tels,* en sorte de ne (pouvoir) choisir (l'état du) mariage, et *il y en a qui sont devenus tels* par après, lorsqu'on les a amputés, en vue du service des *hommes,* (comme cela arrive) bien souvent, des membres par lesquels s'accomplit le mariage. Mais ceux-ci n'en sont pas pour autant dignes d'éloges ; ceux-là seuls le sont qui, tout en possédant les membres qui servent au mariage, et en n'étant sur ce point lésés en rien par la nature, choisissent eux-mêmes l'abstention du mariage en vue de la crainte de Dieu [4]. Et puisque c'est là chose bien ardue, je refuse de la soumettre à la loi, mais je la laisse à la discrétion de ceux qui demandent de la recevoir.

* p. 70 * [15] *Comprenne qui pourra* [5]*!* dit-il. C'est-à-dire : Que quiconque entend avoir accès (au célibat) et (accepte de) soutenir ses difficultés pour l'amour de Dieu et le désir de son royaume attende le secours de sa grâce [6] : c'est lui qui l'aidera à l'accomplir conformément au désir de sa volonté [7].

[16] Voilà donc ce qu'a dit Notre-Seigneur le Christ touchant le célibat, afin d'apprendre clairement à ceux qui y accèdent de ne pas y accéder étourdiment, en s'appuyant sur leurs propres forces, comme s'ils étaient capables de le pratiquer (par eux-mêmes), mais (au contraire), avec crainte et circonspection, en s'appuyant sur la

[1] Cfr *Col.*, III, 14 ; *Rom.*, XIII, 8-10. [2] Cfr 1 *Cor.*, VII, 32-35. [3] *Matth.*, XIX, 12. [4] Cfr *ibid.* [5] *Ibid.* [6] Cfr *ibid.* [7] Cfr *Éph.*, III, 20 ; *Phil.*, II, 13.

miséricorde de Dieu, et en lui demandant diligemment, par la prière et la requête, de leur accorder les forces et le secours (nécessaires) pour pouvoir le vivre et le conserver pur.

[17] Car elle est vraiment grande et bien glorieuse, la couronne de la continence; autant son combat est ardu, autant sa récompense est excellente et sublime [1]. Déjà les eunuques involontaires [2] se voient encouragés de Dieu notre Seigneur par le Prophète en ces termes : *Que l'eunuque ne dise point : Je suis du bois sec! car ainsi parle le Seigneur : Aux eunuques qui observent mes sabbats, choisissent ce qui me plaît et se tiennent fermes dans mon alliance, je réserverai une place dans ma maison et dans mes murs, et un nom meilleur que des fils et des filles; je leur donnerai un nom éternel qui ne fera point défaut* [3]; combien grands ne seront donc pas le *nom* et la gloire de ceux qui auront choisi spontanément, *en vue du royaume des cieux,* la pureté de la continence [4], qui exige tant de peines et d'attention à cause de l'âpreté de son combat!

[18] Car c'est contre la nature que s'exerce l'effort constant de (la continence), et non contre un (ennemi) du dehors. C'est une guerre intestine, et non (une guerre) étrangère, et elle n'aura ni trêve ni cesse jusqu'à ce que nous ayons atteint la tombe. Tantôt elle s'éveille du dedans comme une tempête, tantôt elle se lève et fait rage par l'entremise des esprits du dehors. Elles sont bien nombreuses, les passions qui dépravent la virginité [5]; elles la cernent de toutes parts, les émotions qui incitent au péché; des traits acérés lui sont décochés de partout pour la transpercer [6]; * *au-dehors,* elle est * p. 71
harcelée par *la guerre, et au-dedans,* par *la crainte* [7]. Sa perte ne dure pas (le temps d')un jet de pierre; une seconde, et la voilà déflorée; un clin d'œil, et elle n'existe plus; toute la peine (qu'on lui avait consacrée) est perdue, sa pureté tachée, souillée sa sainteté, dissipée l'attention (mise à) la (conserver)!

[19] Elle se déprave si aisément, que *la pupille de l'œil,* que le Prophète demande à Dieu de *garder comme* elle [8], n'a peut-être pas besoin d'être si bien gardée. Car si l'œil s'aveugle, il reste

[1] Cfr 1 *Cor.*, IX, 25. [2] *Litt.* : « de la nature ». [3] *Is.*, LVI, 3-5. [4] *Ibid.*; *Matth.*, XIX, 12. [5] Ici, et au § *19,* le contexte exige de rendre *betūlūtā* par « virginité », et non plus par « continence ». [6] Cfr *Ps.* XI, 2. [7] 2 *Cor.*, VII, 5. [8] *Ps.* XVII, 8.

possible de le guérir et de rétablir la lumière de son regard par des remèdes salutaires. Mais pour la virginité déflorée, il n'est plus de guérison possible, et elle ne peut se rétablir; car (si) la pénitence enlève la tache de son péché, lave la souillure de sa fornication et nettoie les éclaboussures de sa flétrissure, elle n'arrive jamais à la remettre à sa place, et ne peut jamais la ramener à son échelon. Elle la ramène dans le domaine de la sainteté, mais ne peut la restaurer, comme au temps où elle n'avait pas encore disparu; sinon, il y aurait beaucoup d'(hommes) vierges dans la création; or ils sont bien rares et peu nombreux.

[20] Conservons donc précautionneusement ce joyau de toute beauté, car nombreux sont ceux qui (cherchent à) le dérober et à flétrir sa beauté [1]. En effet, ce n'est pas uniquement par les membres corporels qu'elle se voit déflorée; c'est aussi par les mouvements intérieurs du cœur, suivant (ce) qu'a dit Notre-Seigneur le Christ : *Celui qui regarde une femme pour la désirer commet aussitôt l'adultère avec elle dans son cœur* [2]. Et remarque bien ce mot : *Dans (son) cœur* [3] : les deux corps ne se touchent pas, l'acte ne s'accomplit pas extérieurement, mais les membres sont éloignés de (tout) contact et nets de (toute) action impure; ce sont les pensées du cœur qui maculent leur virginité; (puis) les mouvements extérieurs les déflorent au-dehors et (ainsi), par l'*adultère* intérieur du *cœur, l'homme* entier se voit maculé [4].

[21] Et je ne dirai rien des multiples mauvaises pratiques, par lesquelles Satan médite de *profaner le temple sacré de Dieu* que nous sommes, suivant le mot de l'Apôtre [5]; (pratiques) que le Prophète énumère à propos de ses compatriotes, * ou encore l'Apôtre, à propos des nations étrangères : *Ils se sont maculés par leurs actions,* dit (le Prophète), *et ils se sont prostitués par leurs pratiques* [6]; et (l'Apôtre) à son tour : *Dieu les a livrés aux vices outrageants,* et caetera [7], qu'*ils ont reçus en eux-mêmes comme le digne salaire de leur égarement* [8]. Et (ce n'était là que) justice : car si celui qui fornique selon la nature est livré par Dieu au châtiment [9], quel bûcher ne mérite-t-il pas, celui qui pratique l'impureté contre nature, comme les impies sans-Dieu [10] !

* p. 72

1 Cfr *Matth.*, VI, 20. 2 *Matth.*, V, 27. 3 *Ibid.* 4 *Matth.*, XV, 18-19. 5 1 *Cor.*, III, 16-17. 6 *Ps.* CVI, 39. 7 *Rom.*, I, 26. 8 *Rom.*, I, 28. 9 Cfr *Lév.*, XX, 10. 10 *Rom.*, I, 26-30.

[22] *Fuyez la fornication* et la débauche! nous crie l'Apôtre; *car, quelque péché que commette l'homme, cela reste extérieur à son corps, tandis que celui qui fornique, c'est contre son corps qu'il pèche* [1]. Qui ne *fuirait la fornication* qu'est la débauche commise *contre (son propre) corps* [2] (et) qui entraîne la mort subite de par une sentence venant de Dieu, ainsi qu'(il en advint) de ces débauchés (qu'étaient) les mauvais fils de Juda [3]! L'Apôtre réprouve (la débauche) en estimant (et) comptant (ceux qui s'y adonnent) comme *adultères* et *homosexuels,* et il l'exclut méprisamment avec eux du *Royaume: Ni adultères,* dit-il, *ni fornicateurs, ni débauchés, ni homosexuels ne recevront le royaume de Dieu en partage* [4]. Et, proférant une sévère menace contre les débauchés : *Qui profane* [5] *le temple de Dieu,* dit-il, *Dieu le détruira* [5]. *Car le temple de Dieu que vous êtes est sacré* [6].

[23] Tremblons donc de nous voir *détruits* par une sentence de *Dieu;* éloignons-nous de la débauche qu'est le péché, qui profane notre *temple corporel;* en *saints* que nous sommes, conservons-nous saints, pour être dignes d'héberger Dieu en esprit [7]. Purifions-nous, non seulement de la débauche de la luxure corporelle, mais aussi de la débauche de la luxure intérieure de l'âme, s'opérant avec les esprits mauvais, par le consentement aux pensées mauvaises qui les accompagnent. Car si l'âme consent aux pensées semées en elle par le Malin, elle se lie avec lui d'une société de débauche, forniquant dans le secret de sa conscience et maculant la sainteté de sa *virginité, fiancée au Christ* pour observer ses commandements [8].

[24] La synagogue israélite, fiancée à Dieu par * Moïse [9], *commettait l'adultère avec (des idoles de) pierre et de bois* [10], lorsqu'elle s'écartait de Dieu, cessait de l'adorer et méprisait ses commandements [11]. Ainsi en va-t-il de nous, *fiancés au Christ* par les Apôtres, comme l'a dit le bienheureux Paul : *Je vous ai fiancés à un unique époux, comme une vierge pure à présenter au Christ* [12] : * p. 73

1 1 *Cor.*, VI, 18. 2 *Ibid.* 3 *Gen.*, XXXVIII, 6-10. 4 1 *Cor.*, VI, 9-10. 5 *Ḥabbēl* signifie à la fois « profaner » et « détruire ». 6 1 *Cor.*, III, 17. 7 Cfr *Gen.*, XXXVIII, 6-10; 1 *Cor.*, III, 17. 8 2 *Cor.*, XI, 2-3. 9 Cfr *Osée*, II, 19-20. 10 *Jér.*, III, 9. 11 Cfr *Éz.*, XX, 21; *Ps.* LXXIII, 37. 12 2 *Cor.*, XI, 2.

si nous méprisons ses commandements, transgressons son alliance [1] et consentons aux pensées sataniques semées dans notre esprit, nous commettons avec Satan un adultère intérieur. C'est d'ailleurs ce que redoutait l'Apôtre, notre parrain de fiançailles, lorsqu'il disait : *Je crains que, tout comme le serpent a séduit Ève par sa fourberie, ainsi vos esprits ne se déflorent de la simplicité envers le Christ* [2]. Il *séduisit Ève* en lui faisant transgresser la loi [3]; c'est en nous faisant transgresser la loi à nous aussi qu'il nous fait *nous égarer, déflorer notre esprit de la simplicité* et de la pureté *envers le Christ* [4], et rompre par le *parjure* de notre *foi première* l'alliance conclue avec lui, en sorte de nous ménager par tout cela le *jugement* sévère [5] et le bûcher statué contre les adultères [6].

[25] Conservons donc précautionneusement la pureté de notre virginité, celle du corps comme celle de l'âme. L'âme, purifions-la de toute l'éclaboussure des pensées mauvaises, qui déflorent et maculent sa pureté, et plus encore, des pensées hésitantes sur la foi au Christ, qui déflorent la virginité de l'âme et rompent ses fiançailles [7]. Quant au corps, exprimons-en par l'ascèse toute l'humidité de l'excès matériel des aliments et de l'abondante réplétion que la nourriture amasse; *maîtrisons-le* et *domptons*-le [8], au point qu'il ne puisse même plus exciter ses membres au péché [9], par suite de sa grande faiblesse, ni répandre sur nous sa souillure accoutumée pendant que nous dormons.

[26] Ainsi, complètement purifiés de tout mal selon le corps et selon l'âme, et recevant dans notre corps mortel la ressemblance des anges [10], parce que devenus étrangers comme eux aux passions
* p. 74 sexuelles, de par le don de * Dieu [11], nous mériterons d'acquérir dans l'innocence la sainteté parfaite, sans laquelle nul ne verra Notre-Seigneur [12].

[27] Gloire à lui, et puisse-t-il nous rendre dignes de sa sainteté à tout jamais! Amen.

1 Cfr *Ps.* LXXXIX, 32; *Jér.*, XXII, 9. 2 2 *Cor.*, XI, 3. 3 *Ibid.*; *Gen.*, III, 1-6. 4 2 *Cor.*, XI, 3. 5 1 *Tim.*, V, 12. 6 Cfr *Lév.*, XX, 14. 7 Cfr 2 *Cor.*, XI, 2-3. 8 1 *Cor.*, IX, 27. 9 Cfr *Rom.*, VI, 13; VIII, 23. 10 Cfr *Matth.*, XXII, 30. 11 Cfr 1 *Cor.*, VII, 7. 12 Cfr *Matth.*, V, 8.

[1] (CHAPITRE) SEPTIÈME. — De l'abstinence[1], de l'austérité et du jeûne parfait[2].

[2] C'est à chacun que profite la règle vénérable du jeûne, à toute tête que l'abstinence apporte la parure de sa gracieuse couronne[3], à toute âme que sied l'humiliation parfaite de l'austérité; mais particulièrement à ceux qui se sont imposé le joug pur de la continence[4], qui veulent garder leur *corps* parfaitement *saint* pour le Christ, dont il est le *temple*[5], et qui désirent conduire leurs *âmes* dans l'*humilité* vers le salut de leur vie[6]. Car rien n'*humilie* tant à la fois le corps et l'*âme* que le *jeûne* pur, accompli pour l'amour de Dieu[7], ainsi que la règle de vie pénible de l'austérité, suivant (ce) qu'a dit le Prophète : *Et moi, pendant leur maladie, j'ai endossé le sac et j'ai humilié mon âme par le jeûne*[8]*;* et encore : *J'ai humilié mon âme par le jeûne, et on m'en a fait (un sujet) d'insulte*[9].

[3] Ce n'est pas seulement le corps que déprime et *humilie* le *jeûne* constant, mais il procure aussi l'*humiliation* à l'*âme*[10], purifie l'esprit, nettoie la conscience, chasse du *cœur* les *pensées honteuses*[11], lave et blanchit l'homme tout entier de la souillure du péché[12], le polit, l'orne, le fait briller comme un pot d'argile cuit au four et asséché par le feu en détachant de lui la rouille des convoitises[13], et le rend alerte et leste en rejetant de lui la masse oppressante de la nourriture.

[4] Il lui donne une taille svelte, en en excisant l'empâtement des aliments, dont il délivre son organisme, * (en même temps que) * p. 75
des malaises et des passions qu'ils engendrent, et qui se nourrissent de leur digestion comme la mite d'une étoffe[14]; et il le rend désormais bien portant, en le soulageant de la masse traînante de ses chairs et de l'obésité du ventre, qui occasionne à ses victimes de telles souffrances, que (celles-ci) sont condamnées à purger quoti-

1 Litt. : « naziréat »; en fait, semble-t-il, l'abstention de vin (cfr §§ *19* et *23*). 2 C'est-à-dire, selon l'idée exprimée aux §§ *25* et *59*, et développée dans tout le chapitre : jeûne « de corps et d'âme ». 3 Allusion à la signification primitive du naziréat. 4 Cfr *Matth.*, XI, 29. 5 Cfr 1 *Cor.*, VI, 19. 6 Cfr *Matth.*, XI, 29. 7 Cfr *Ps.* XXXV, 13; *Matth.*, VI, 18. 8 *Ps.* XXXV, 13. 9 *Ps.* LXIX, 11. 10 *Ps.* XXXV, 13. 11 *Matth.*, XV, 19. 12 Cfr *Is.*, I, 16-18. 13 Cfr 2 *Tim.*, II, 20-21. 14 Cfr *Job*, XIII, 28.

diennement leur organisme des déchets alimentaires par (force) remèdes : mais elles ont beau se dégorger sans cesse à force de drogues, elles ne se débarrassent pas pour autant des indispositions que provoque en elles la nourriture.

[5] Ici, c'est l'ostéite [1] accompagnée de vertiges, l'hébétation des sens provenant de la densité du sang envoyé dans les veines, la raideur de tous les membres due à la saturation qui s'y coagule, la ligature des nerfs par le chyme dense et froid qui reflue du sang; là, c'est un perpétuel mal d'estomac, une aiguë douleur cardiaque, des hémorragies par tout l'organisme, provenant d'un sang pourri et croupi, la décomposition et la pourriture de la chair amollie. Voilà les doux fruits, je veux dire, les cuisants malaises, qu'engendre l'intempérance chez ceux qui s'y adonnent [2].

[6] Et je ne dirai rien de la démence provoquée par le vin, ni de la débauche des passions sexuelles [3], qui s'allume par sa chaleur et s'attise par la saturation des aliments. Qu'est-ce que le *feu* de la *chaudière* de Babylone, qui *s'allumait avec du naphte, de la poix et du soufre* [4]? Sa flamme l'assimile au feu de la convoitise, qui flambe dans le ventre des gloutons, allumée par toutes (sortes d')aliments, et où se déverse du vin sans mesure, comme du naphte sur des tisons enflammés.

[7] Et qui de plus malheureux que ceux-là, qui se rôtissent eux-mêmes de plein gré par la digestion des aliments et par l'embrasement du vin? Tels des sépulcres, leurs ventres ensevelissent la pourriture de toutes (sortes d')aliments [5], sans que la peine que leur inflige la nature par le besoin constant de se purger les fasse
* p. 76 rougir. Car plus le ventre engloutit, * plus aussi il détruit; du matin au soir, il dévaste (ses) appartements. Le feu ne consume peut-être pas plus vite les maisons où il prend que le ventre ne consume et ne dévaste par sa convoitise les riches maisons où il entre.

[8] Ah! que c'est là un animal goulu, exterminant et détruisant toute chose! Ceux qu'il possède ne se distinguent plus de *la bête sans raison* [6], car ils agissent et font tout de même : nourrissant, comme elle, leurs corps sans discernement, ils en réclament de façon

[1] Litt. : « lésion des os ». [2] Cfr *Eccli.*, XXXI, 23. [3] Litt. : « d'après le ventre »; cfr *Prov.*, XX, 1. [4] *Dan.*, III, 46. [5] Cfr *Matth.*, XXIII, 27. [6] Cfr *Ps.* XLIX, 12.

désordonnée, comme elle aussi, leur avilissement dans les passions licencieuses[1], suivant (ce dont) le Prophète fait honte à ses compatriotes : *Ils étaient sensuels et lubriques comme des chevaux,* dit-il; *(chaque) homme hennissait après la femme du voisin*[2].

[9] Ils faisaient cela *pour avilir leur propre corps*[3], débordant de toute (sorte de) perversité et de fornication, à l'image des nations dont parlait l'Apôtre[4], lorsqu'il énumérait les tares honteuses de leurs actions impies, à savoir, l'égarement relatif aux *hommes* et les coucheries honteuses où se souillaient les *femmes.* De (tout) cela, Notre-Seigneur le Christ nous a affranchis par sa venue; il nous a purifiés, lavés et sanctifiés *par l'ablution qui engendre à nouveau*[5], et nous a donné le saint jeûne[6], par lequel nous puissions garder purs et saints nos corps et nos âmes.

[10] Béni soit donc celui qui nous a mérité cette sainteté par sa grâce, en nous donnant le jeûne! Car quelle est la faveur que (le jeûne) ne donne pas? Quelle est la grandeur qu'il ne confère pas? Quelle est la netteté qu'il ne procure pas? Quelle est la santé, du corps (ou) de l'âme, qu'il ne garde pas? Qui donc, formé par lui, n'est point devenu étranger à la maladie? Qui, s'y étant exercé complètement (et) comme il faut, a jamais (dû) être confié aux mains du médecin, pour que celui-ci le nettoie par ses dépuratifs? C'est le jeûne constant lui-même, tenant lieu de remède, qui purge la pesanteur de l'organisme et y opère une grande succion d'humeurs en séchant ses vaisseaux sanguins.

* [11] Quant aux passions de la convoitise corporelle, il les endort * p. 77
et les tue si bien, qu'elles ne peuvent plus s'en prendre à lui. Tout au plus se réveilleront-elles lors de la guerre venant du Malin; mais même alors, elles seront vite défaites et vaincues, leur vertu ayant été définitivement terrassée par l'austérité. On a beau soulever un bras cassé, il retombe; ainsi le Malin a-t-il beau brandir, dans le combat (qu'il mène) contre nous, les passions brutalement brisées par l'austérité, elles s'affaissent et retombent : c'est que le corps ne leur répond plus, à cause du froid qui y règne par suite de la privation de nourriture, parce qu'il n'a plus la chaleur du dynamisme actif, excitateur de la convoitise, accumulé sous l'effet d'(une alimentation excessive.

1 Cfr *Ex.*, xxxii, 6. 2 *Jér.*, v, 8. 3 *Rom.*, i, 24. 4 *Ibid.*, 26-27.
5 *Is.*, i, 16; *Hébr.*, i, 3; *Tite*, iii, 5. 6 Cfr *Matth.*, ix, 15.

[12] C'est la masse du combustible qui attise la flamme ardente du feu; ainsi est-ce la masse de la nourriture qui attise et nourrit la flambée ardente de la convoitise. Et de même que la flamme du feu languit dans la mesure où sa masse diminue, et qu'elle finit même par s'éteindre si elle en est tout à fait privée [1], ainsi l'ardeur de la convoitise languit et s'épuise dans la mesure où diminue la masse des aliments; et si ceux-ci diminuent fortement, celle-là s'éteindra fatalement, ainsi que (sa) vertu naturelle, car la convoitise croît et régresse dans la même proportion que la nourriture du corps. Nous devons donc régler la subsistance de (ce dernier), avec une sage méthode, par l'humiliation constante du jeûne et par les fatigues de l'abstinence.

[13] Nous avons à gagner (cette) *course* qu'est la *lutte* pour la continence et la sainteté; nous *courons tous dans le stade* de la chasteté et de la netteté. Évitons désormais la nourriture grasse et délicate [2]; que notre corps ne s'en alourdisse pas, de peur que nos pensées aussi ne s'alourdissent avec lui [3]. Car une fois alourdi de nourriture, le corps brise dans sa course jusqu'au vol élancé
* p. 78 de l'aigle; et même le coursier est freiné dans * son galop rapide par une pitance abondante. Mettons donc à notre corps le mors du jeûne, de peur qu'il ne s'élève au-dessus de l'âme et qu'il ne la culbute dans la fosse; ne l'énervons pas par les aliments, qui l'accableraient; ne l'allumons pas avec le vin, qui le consumerait. Car aliments et vin entretiennent sa convoitise comme l'huile la flamme de la lampe.

[14] O vous qui courez dans la lutte pure de la continence [4], prenez garde de ne pas retourner à votre nature sexuelle [5], périssant ainsi (loin) de celui à qui vous aviez fait vœu de sainteté [6]! Luttez bravement dans ce combat où vous vous trouvez [7]. Fuyez les aises des convoitises [8], pour que s'éteigne la convoitise corporelle, qui vous est innée; ne la réveillez pas par les aliments, de peur qu'elle ne prenne feu en vous et ne vous consume. Prenons garde, bien-aimés, surveillons-nous, *armons nos membres* de la sainteté de nos corps, c'est-à-dire, mortifions notre corps et *mortifions nos membres* [9].

1 Cfr *Prov.*, XXVI, 20. 2 Cfr 1 *Cor.*, IX, 24-25. 3 Cfr *Luc*, XXI, 34.
4 Cfr 1 *Cor.*, IX, 24. 5 Litt. : « générative ». 6 Cfr 1 *Tim.*, V, 10-12.
7 Cfr *Éph.*, VI, 12-13. 8 Cfr 1 *Cor.*, VI, 18. 9 Cfr *Rom.*, VI, 13; *Col.*, III, 5.

Car il sied grandement aux chastes et aux continents, qui s'abstiennent du mariage, de s'abstenir également du régime des viveurs[1]; renonçant au contact des femmes et à leur société, ils doivent aussi renoncer à la convoitise de la nourriture goulue et de la boisson déréglée.

[15] Les chastes et les continents doivent même éviter de regarder des femmes, (ce regard) réveillant la convoitise qui (dort) en eux[2]; et ce n'est pas seulement (ce spectacle qu'ils doivent éviter), mais aussi la vue de beaux garçons d'allure efféminée. Toutefois, ce renoncement ne concourra guère à préserver la sainteté, si l'on s'adonne en débauché au manger et au boire; car cette convoitise, une fois allumée, se représente le spectacle des choses absentes, soit durant le sommeil, soit pendant la veille, et salit le corps de sa souillure.

[16] Aussi les chastes doivent-ils bien persévérer dans l'austérité, qui discipline et purifie leur corps bien plus que l'éloignement du regard sensuel. En effet, voir des femmes et regarder de gracieux jeunes gens ne sera peut-être jamais dommageable aux ascètes qui humilient leur corps par l'abstinence et par le jeûne, * (et peut-être) * p. 79
seront-ils même portés à louer Dieu de leur beauté. Mais pour peu que ceux-là, en qui la *convoitise des yeux*[3] sommeille de la sorte, s'approchent de mets raffinés, elle s'enflamme aussitôt en eux et consume leur chair.

[17] La privation de nourriture et l'abstention de vin sont donc très indiquées comme préservatif de la sainteté chez les vieillards parfaits comme chez les jeunes novices, mais surtout chez ceux qui sont dans (toute) la force de la jeunesse et qui mènent la guerre contre leur corps pour le conserver net des passions ⌜de l'espèce sexuelle[4]. En effet, les vieillards épuisés et les faibles de constitution ne souffrent aucun dommage à manger gras et à boire du vin, forcés qu'ils sont de suivre ce régime pour soutenir leur faiblesse[5]; car la vertu de la nature est refroidie par la vieillesse, tout comme par la maladie. Mais les jeunes et les gens vigoureux qui vivent à ce régime sont bien tourmentés par les passions, à cause de la chaleur qui est en eux. Aussi doivent-ils se

1 Cfr 1 *Cor.*, XI, 25. 2 Cfr *Matth.*, V, 28. 3 1 *Jean*, II, 16. 4 Ou bien : « parmi la race (soumise à l'instinct de la) reproduction ». 5 Cfr 1 *Tim.*, V, 23.

tenir en garde, surtout durant la jeunesse, car les ennemis (de la jeunesse) sont nombreux; qu'ils redoublent de précautions à son égard, car nombreux sont ceux qui cherchent à lui nuire.

[18] O toi qui veux conserver ta jeunesse dans la parfaite pureté de la continence, garde-toi du vin! Fuis le vin, de peur qu'il ne te consume en (te) faisant bouillir le sang! « Vin et jeunesse font feu redoublé, a dit un saint. Ne jette donc pas du feu sur le feu, dit-il, ne nourris point tes convoitises de vin, n'excite pas le péché par le vin, de peur qu'il ne t'empêche de dormir par (ses) vaines (rêveries). » Le vin déforme le langage et trouble la démarche. C'est le vin qui fit du juste[1] un objet de risée, et qui fut la cause de la malédiction de Chanaan[2]. N'ayant pas encore fait l'expérience du vin[3], Noé n'était pas coupable; mais nous, qui savons son ardeur, prenons garde à nous! C'est encore le vin qui s'est moqué du juste Lot, et qui a déshonoré sa pudeur[4].

[19] Si le vin s'est ainsi joué des forts, que ferons-nous, misérables que nous sommes[5]! Fuyons le vin, de peur qu'il ne nous déshonore; car il ne garde pas les secrets de ses amants. Ne lie pas
* p. 80 amitié avec le vin, ô toi qui observes * la sainteté! N'introduis pas ton ennemi au-dedans de toi, de peur qu'une fois entré dans ta maison, il ne te fasse périr. Laisse s'éteindre les convoitises, ne verse pas d'huile sur les tisons, car le vin stimule grandement les convoitises; et c'est à bon droit que Moïse ordonne aux prêtres de *ne pas boire de vin* durant le temps de leur service[6], et qu'il ordonne encore aux *naziréens* de *renoncer au vin : Et qu'ils ne goûtent ni raisin frais ni raisin sec,* dit-il[7]. Et toi, naziréen du Christ, garde-toi donc du vin! Ta promesse dépasse la nature; prends garde à ta nature, qu'elle n'ait raison de toi!

[20] Car Satan est très jaloux de la gloire pure de la continence, et il se trouble particulièrement en apercevant chez des hommes l'image de la sainteté des anges[8]. Aussi dresse-t-il toutes sortes de pièges contre nous : il s'approche de nous avec des mets délicieux, pour nous allécher et nous prendre par notre (point faible, et) pour nous faire choir de la pureté[9]. Puisse donc le jeûne humilier le

1 Cfr *Gen.*, v, 9. 2 Cfr *Gen.*, x, 21-25. 3 Cfr *ibid.*, 20. 4 Cfr *Gen.*, XIX, 31-35. 5 Cfr *Eccli.*, XXXI, 30. 6 *Lév.*, x, 9. 7 *Nombres*, VI, 2-3. 8 Cfr *Matth.*, XXII, 30. 9 Cfr *Matth.*, IV, 3.

corps, afin qu'apparaisse la gloire de l'âme! Il est bon, le mors du jeûne, et c'est par lui surtout qu'éclaire l'âme et que l'esprit prospère. Chassons les mauvaises habitudes de la convoitise et écartons la cause honteuse qui les réveille, (savoir) le manger et le boire. En disciples de la sainteté, observons saintement le jeûne constant et l'abstinence parfaite [1].

[21] Ce qu'est pour les chrétiens le jeûne quadragésimal devient, pour les disciples de la perfection, tout le temps de leur vie, et même davantage, à vrai dire! Car c'est ainsi que Notre-Seigneur a réglé le jeûne pour les parfaits, dans la personne des Apôtres : *Des jours viendront où l'époux leur sera enlevé; alors, ils jeûneront*, dit-il [2], incluant dans ces (mots) tout le temps qui suivrait son ascension [3], jusqu'à la fin de chacun des (Apôtres). Et ceux-ci accomplirent parfaitement son ordre, en jeûnant assidûment, tout le temps de leur carrière (mortelle), sevrés de toutes les convoitises du siècle [4] et étrangers au vin et à la bière [5], laissant (ainsi) aux naziréens de l'Église, émules de leur perfection, un exemple (les incitant à) s'écarter de (tout) cela, * et à peiner dans le jeûne tous * p. 81 les jours de (leur vie), suivant l'ordre du Christ.

[22] Puisque nous sommes les émules de leur conduite, vivons également comme eux dans l'abstinence. Ne relâchons pas *la loi de liberté* que Notre-Seigneur nous a proposée par ses Apôtres [6], de peur d'être blâmés par Dieu à propos des *descendants de Jonadab, fils de Réchab*, comme le fut le peuple de leur temps : alors que ceux-là *observèrent l'ordre de leur ancêtres* tous les jours de leur vie, nous mépriserions la loi du Christ, à l'image du peuple qui n'observait pas les ordres divins, et auquel (Dieu) adressa donc ce (blâme) : *Les descendants de Jonadab, fils de Réchab, ont tenu l'ordre que leur ancêtre leur avait donné, et ce peuple ne m'a pas écouté* [7].

[23] Et quel était *l'ordre de leur ancêtre*, qu'ils *observèrent?* — *Vous ne boirez jamais de vin, ni vous, ni vos femmes, ni vos fils; vous ne vous bâtirez pas de maison, vous ne ferez pas de semailles, vous ne planterez pas de vigne, mais vous habiterez sous la tente tous les jours (de) votre (vie), en sorte de vivre de longs jours*

1 Cfr *Rom.*, XIII, 13-14. 2 *Matth.*, IX, 15. 3 Cfr *Luc*, XXIV, 51. 4 Cfr 1 *Cor.*, IV, 11. 5 Cfr *Rom.*, XIV, 21. 6 *Jacques*, I, 25. 7 *Jér.*, XXXV, 16.

sur la terre [1]. Ils *observèrent* parfaitement tout cela, suivant l'*ordre* qu'ils avaient reçu, et c'est à bon droit que Dieu les bénit en ces termes : *Puisque vous avez écouté les ordres de votre ancêtre Jonadab, que vous avez observé tous ses ordres et accompli tout son commandement, eh bien! ainsi parle le Seigneur puissant, le Dieu d'Israël : Jonadab, fils de Réchab, ne manquera jamais de descendant qui se tienne en ma présence* [2].

[24] Vois-tu comme c'est une grande chose que d'obéir à *l'ordre d'un ancêtre* exigeant l'abstinence et le renoncement à (tout) métier terrestre! De quelle grandeur (ne) sera donc (pas) l'obéissance à l'ordre du Christ qui enseigne l'abstention de toutes les convoitises et le détachement du siècle [3]!

* p. 82 [25] En parfaits du Christ, retirés du siècle, * conformons-nous donc à la perfection de conduite qu'exige notre condition de disciples [4], c'est-à-dire, au jeûne parfait et à l'abstinence rigoureuse. Et par jeûne et abstinence, j'entends, non pas la mortification du maintien extérieur, comme (chez) les Juifs [5], ni la seule (privation) de viande et de vin [6]. Cela ne serait pas grand-chose, et c'est d'ailleurs du fait des autres religieux, (ceux) du siècle, voire d'un certain nombre de laïcs; tandis que l'abstinence parfaite du moine consiste à renoncer à toutes les convoitises agréables du corps en même temps qu'à tous les mauvais desseins de l'âme, suivant (ce) qu'a dit un grand docteur, saint Mar Éphrem, que l'Église de Dieu écoute comme un prophète : « Celui-là est jeûneur parfait, dit-il [7], qui se prive de la nourriture extérieure en l'empêchant de pénétrer en lui, et qui se prive aussi des vices intérieurs, en les empêchant de sortir de lui. »

[26] Les jeûneurs de la perfection doivent donc éviter tout rapport agréable avec la convoitise, grand ou petit, et jusqu'à la moindre bouchée qui (lui) serait consentie. Car aussitôt que l'on mange

1 *Jér.*, XXXV, 6-7. 2 *Ibid.*, 18-19. 3 Cfr *Ibid.*, 18; *Matth.*, XIX, 21. 4 Cfr *Luc*, XIV, 27. 5 Cfr *Matth.*, VI, 16. 6 Cfr *Rom.*, XIV, 21.
7 Même ligne de pensée dans les *Hymni de Jejunio* VI, 6; X, 4; XI, 3 (Th. J. LAMY, *S. Ephrem Syri Hymni et Sermones*, t. II, Malines, 1886, p. 682, 703, 706), ainsi que dans deux *Sermones* syriaques de l'édition romaine : XI, *De pravis animi affectionibus compescendis* et XIV, *De jejunio* (*S.P.N. Ephraem Syri Opera Omnia quae exstant graece, syriace, latine*, t. III [2e série], ed. St. Ev. ASSEMANI, Rome, 1743, p. 626 A-C; p. 641-643).

par convoitise, et non à la suite d'un besoin de la nature, une passion se forme, si insignifiante soit-elle. C'est en *convoitant* un *fruit* insignifiant que déchut de sa *dignité* celui dont la *gloire* n'était sans doute *guère inférieure* à celle des *anges* [1]. Et c'est en convoitant un mets insignifiant que ce glouton d'Ésaü perdit son *droit d'aînesse,* et devint *serviteur de son frère* [2].

[27] C'est une belle chose que l'endurance, et (qui) convient à tous, mais particulièrement aux parfaits [3]. Ils doivent bien résister à la brûlante convoitise du ventre, et ne pas s'affadir le gosier par le goût de la nourriture, — (car) tout ce qu'on y déverse s'en voit aussitôt emporté et transformé en fumier fétide par (ces) conduits abdominaux (que sont) les intestins; — mais (ils doivent au contraire), * sans se laisser vaincre par la convoitise, (et) en * p. 83 laissant souffrir (leur) corps de la faim, le soutenir par une nourriture minable (et) si maigre, que sa maigre mine empêche même d'en avoir l'appétit.

[28] Ne pas céder à la moindre volonté de la convoitise, pas même en de petites choses, telle est la suprême perfection de l'abstinence. En effet, celui qui veut vivre l'austérité dans (toute sa) rigueur ne peut même pas (manger) du pain grossier et boire de l'eau à satiété, mais il ne (peut) goûter au pain sec et à l'eau que parcimonieusement, rien que pour sa subsistance, c'est-à-dire, pour se tenir en vie, et pour ne pas devenir totalement inapte à remplir l'office qui (lui) incombe. Car, en se remplissant le ventre ne fût-ce que de pain, et en buvant de l'eau à satiété, il provoque par le fait même l'assouvissement de la satisfaction, et se voit peu à peu entraîné de là vers l'intempérance et la gourmandise, les passions s'éveillant en lui et grandissant de plus en plus, jusqu'à ce qu'il devienne l'esclave des licences de la fornication.

[29] Car le simple assouvissement de pain peut engraisser le corps, sans viande ni vin, et engendrer les passions de la fornication. Ainsi l'Israël rebelle [4] glissa-t-il dans la débauche de la *fornication* avec les Madianites à la suite d'un abondant assouvissement de manne [5], bien qu'il ne fût nourri que de *manne* et d'*eau* dans le désert [6], — sauf le *mois entier* où ils *mangèrent de la viande* et

1 Cfr *Gen.*, III, 6; *Ps.* VIII, 6. 2 Cfr *Gen.*, XXV, 29-34; XXVII, 29, 37. 3 Cfr *Hébr.*, XII, 1-2. 4 Cfr *Deut.*, IX, 24. 5 Cfr *Nombres*, XXV, 1-15? (Il y est question des *Moabites*). 6 Cfr *Ex.*, XVI, 35; XVII, 6.

(en) moururent, et où ils furent tous *ensevelis* dans les *tombes de ceux qui cèdent à la convoitise* [1]

[30] Ne remarquons-nous pas aussi chez les laïcs que beaucoup d'entre eux, n'ayant ni viande à manger ni vin à boire, en raison de (leur) pauvreté, voient cependant leur chair prendre de l'embonpoint et s'embraser des passions de la convoitise, parce qu'ils se nourrissent de pain à satiété, encore qu'ils soient constamment soumis à la pratique qui déprime et nivelle les passions!

[31] Mais l'assouvissement du ventre ne se contente pas d'engen- * p. 84 drer les passions de la convoitise; * en *engraissant* abondamment le corps, il l'épaissit aussi, abuse l'esprit, *dévoie* l'intelligence en dehors du jugement, efface complètement de la conscience le souvenir de Dieu, et rend l'homme *pareil à une bête,* en sorte qu'il ne reconnaisse plus *Dieu, son créateur* [2], suivant (ce) qu'il est dit du peuple récalcitrant : *Israël s'est engraissé et il a regimbé,* dit (l'Écriture) ; *il a engraissé, il s'est fortifié, il a acquis des troupeaux, (mais) il a oublié le Dieu qui l'avait créé, et insulté au Puissant qui l'avait sauvé* [3].

[32] Voilà tout le mal que produisent l'assouvissement du ventre et l'embonpoint du corps. Fuyons-les donc complètement; traînons notre corps rétif dans la faim constante, nuit et jour par un jeûne pénible, en sorte que sa convoitise ne s'accomplisse jamais plus, et que le rassasiement satisfait ne trouve plus son plaisir; car une fois sa satiété satisfaite, il glisse volontiers dans le plaisir et le vain *amusement,* comme faisait aussi *le Peuple* dans le désert : *Le Peuple s'assit pour manger et pour boire,* dit (l'Écriture; *puis*) *il se leva pour s'amuser* [4].

[33] Nous devons donc sans cesse persévérer dans l'humiliation du jeûne et dans (sa) pénible souffrance, (et cela) alors même que nous serions parfois préservés de l'importunité des passions; car ce n'est pas uniquement pour dompter les passions du corps que le jeûne est nécessaire, mais (il l'est) aussi pour sanctifier l'esprit en le rendant limpide. Ainsi sied-il à l'homme de Dieu de se maintenir dans le jeûne constant, alors même qu'il ne lui est livré aucune guerre.

1 *Nombres,* XI, 18, 20, 33-34. 2 Cfr *Deut.,* XXXII, 15; *Ps.* XLIX, 12. 3 *Deut.,* XXXII, 15. 4 *Ex.,* XXXII, 6.

[34] Ceux qui *se tiennent en présence* d'un *roi* de la terre, et (qui) sont consacrés à son service, se font grossir le corps à force de *manger* et de *boire;* leur organisme en (retire) *belle mine et bonne santé* constantes, et leur vigueur se décuple, en sorte qu'en cas de guerre, ils se comporteront vaillamment, et qu'en les apercevant, le roi prendra plaisir à la beauté de leur corps et à la *belle mine* de leur *visage* [1]. Au contraire, ceux qui se tiennent en présence de Dieu par la vigilance de l'âme, * et (qui) se sont consacrés à son service * p. 85 spirituel par un engagement irrévocable [2], doivent déprimer leur corps et amaigrir leur organisme en l'humiliant à force de jeûne, le nettoyer et purifier des aliments par la faim et la soif constantes, l'âme en (retirant) *bonne santé,* joie et *belle mine* grâce à sa sainteté, et assurant aux membres la victoire par sa vigueur décuplée, en cas de guerre du Malin [3].

[35] Car la vigueur de l'organisme, qui s'accumule (à partir) d'une alimentation solide, sert à combattre victorieusement là où ce sont les corps qui luttent entre eux; et la beauté du visage extérieur enchante celui qui regarde des yeux du dehors. Mais comme c'est *avec les esprits mauvais* que l'âme doit lutter intérieurement, c'est sa vigueur à elle, garantie par l'humiliation du jeûne corporel, qui convient à la guerre *contre les Principautés et les Puissances* [4]; et c'est la beauté de sa pureté à elle, (fruit de la) sainteté du jeûne déprimant le visage extérieur, qui charmera celui qui voit intérieurement dans les cœurs [5].

[36] Car il réjouit fort Dieu et il enchante aussi ses anges, le corps émacié et amaigri, rayonnant de sainteté. Le jeûneur est très aimé des Spirituels, parce qu'un signe de leur propre ressemblance transparaît dans son corps mortel; en effet, le jeûne y dessine par sa beauté une image de la vie immortelle, le comportement qu'il (implique) suggère la condition du siècle nouveau, et il nous apprend quelle nourriture spirituelle nous recevrons lors de la résurrection.

[37] Vaillante est sa puissance, et très vigoureuse; il peut vaincre et défaire *le Prince de ce siècle* [6], mettre en déroute et éloigner des hommes, avec l'aide de la *prière,* les *Préfets chargés de ce siècle ténébreux* [7], suivant la parole salutaire de notre Sauveur à ses

1 Cfr *Dan.,* I, 5, 10, 15. 2 Cfr *Ps.* XXVII, 4. 3 *Dan.,* I, 15-16. 4 *Éph.,* VI, 12. 5 Cfr *Dan.,* I, 15-16; *Matth.,* VI, 18. 6 *Jean,* XII, 31. 7 *Éph.,* VI, 12.

disciples : *Cette espèce (de démons) ne (peut) sortir que par le jeûne et la prière* [1].

[38] Que celui qui veut maîtriser les démons et vaincre Satan ait dans son âme et dans son corps ces deux ouvriers jumeaux, telle une double armure, (savoir) la *prière* constante dans son cœur et le
* p. 86 *jeûne* constant * dans sa bouche [2]; car l'armure du jeûne assure plus les ascètes contre Satan qu'une *cuirasse* d'acier (ne protège) la peau contre l'épée et la lance. Peut-être l'acier se verra-t-il brisé par le *trait* des ennemis; mais le *trait enflammé* de Satan [3] n'entamera point le corps du jeûneur.

[39] C'est cette armure que revêtit Notre-Seigneur *dans le désert* pour lui résister. Il se ceignit de son *jeûne* de *quarante jours* comme d'une cotte (tissée) de quarante mailles, repoussa victorieusement (Satan) et détruisit l'empire (qu'il avait) sur nous [4], nous enseignant clairement à tous que quiconque part au combat contre lui sans (le jeûne) en reviendra défait pour n'être pas à couvert sous la solide armure du jeûne.

[40] Car le Malin est à l'affût de la moindre fissure de convoitise causée par le tourment de la *faim* chez celui-là même qui serait revêtu (de l'armure du *jeûne*), afin d'y pointer sa lance, de briser l'armure par (cette) faille de son revêtement, et d'occasionner au corps une profonde blessure [5].

[41] C'est ainsi qu'il s'y prenait avec Notre-Seigneur [6]. Il était là, à épier dans son *jeûne* la (moindre) concession faite à la *faim* désireuse de s'assouvir. Et lorsque Notre-Seigneur lui eut délibérément donné à entendre qu'il voudrait du *pain* et désirerait manger [7], en sorte de l'engager à s'approcher, pour faire davantage ressortir son triomphe dans le jeûne par la défaite de son adversaire, et pour venger par sa persévérance la défaite de notre premier père, due à la *convoitise* [8]; alors, le benêt pensa avoir trouvé où diriger le trait de sa convoitise, pour ainsi jeter bas le *second Adam* [9], comme (il l'avait fait du) premier. Aussi l'engageait-il insidieusement à *transformer des pierres en pain,* pour assouvir sa faim [10].

[42] Mais après l'avoir invité à s'approcher, Notre-Seigneur *éteignit* le *trait enflammé* du Malin, empoisonné de convoitise, par la

1 *Matth.*, XVII, 20. 2 Cfr *ibid.*; *Éph.*, VI, 11. 3 *Ibid.*, 16. 4 *Matth.*, IV, 1-11. 5 Cfr *ibid.*, 1-3. 6 *Ibid.*, 2-3. 7 *Ibid.*, 2. 8 Cfr *Gen.*, III, 6. 9 1 *Cor.*, XV, 47. 10 *Matth.*, IV, 3.

constance de son jeûne, assuré sur la *force de Dieu,* comme par un solide *bouclier*[1]*;* il enfonça au cœur de son ennemi * Satan le * p. 87 trait *acéré* de sa parole de *salut*[2], et le fit tomber à la renverse : *Ce n'est pas seulement de pain que vit l'homme,* dit-il, *mais de toute parole qui sort de la bouche de Dieu*[3].

[43] Appliquons-nous donc également à la grande constance du jeûne, comme Notre-Seigneur nous l'a appris[4], sans nous soumettre à la convoitise, même quand nous sommes fort tourmentés par la faim. Or il nous sera possible de triompher de la convoitise et de supporter la faim du corps lorsque nous le nourrirons suivant ses besoins, sans passion de convoitise; et j'appelle passion ce qui se laisse séduire par une pensée perverse et égarer par une tendance agréable.

[44] Parce que fort subtil et astucieux, Satan a prise sur celle-ci, lorsqu'elle se trouve en quelqu'un, et il entraîne de l'une à l'autre. Parfois encore, il endort les passions charnelles du mariage, en sorte de flatter (sa victime) à ce propos, de la dépouiller de (son) jeûne, de cultiver en elle les passions gourmandes du ventre, d'où la fornication s'allumera, comme le feu (s'allume) de la friction des bois. Soyons donc toujours *revêtus de l'armure* du jeûne, même si nous ne sommes pas tourmentés par les passions, *afin de pouvoir triompher* par lui *des méchantes ruses du diable*[5], comme nous l'a appris Notre-Seigneur[6].

[45] Car si Notre-Seigneur, preux, vainqueur et saint, source universelle de sainteté, de courage et de victoire, n'a pas négligé les fatigues du jeûne[7], lequel des êtres charnels, faibles et coupables, sans cesse souillés par la fange des passions, (pourrait) donc négliger et mépriser le jeûne? — Serait-on plus pur qu'un ange, on ne doit pas se relâcher de la constance dans le jeûne.

[46] En effet, qui oserait prétendre que les passions adverses de la chair aient réussi à toucher le *corps* du Seigneur, plein de sainteté, *temple* magnifique de la Divinité[8]? Et pourtant, tout éloigné qu'il en était, il ne renonça pas pour autant aux lourdes fatigues du jeûne[9], afin de mieux nous enseigner la grande vertu et la sainteté qu'il confère à ceux qui le pratiquent. Car qu'avait-il donc

1 *Éph.*, VI, 10, 16; *Matth.*, IV, 4. 2 Litt. : « de vie »; *Hébr.*, IV, 12. 3 *Matth.*, IV, 4. 4 Cfr *ibid.*, 2-4. 5 *Éph.*, VI, 11. 6 *Matth.*, IV, 2-4. 7 Cfr *ibid.*, 2. 8 Cfr *Jean*, II, 19; XVII, 19. 9 Cfr *Matth.*, IV, 2.

besoin de jeûner, celui dont la volonté était la volonté (même) de Dieu [1], sinon pour nous inculquer la voie du jeûne, afin que nous jeûnions comme lui? De même qu'il se fit baptiser (pour) nous
* p. 88 ordonner * d'être baptisés à son exemple [2], ainsi a-t-il jeûné (pour) nous apprendre à jeûner à son image [3]. Tout baptisé (doit) se mettre en devoir de préparer la guerre contre le Malin, comme Notre-Seigneur [4]; aussi doit-il s'armer du jeûne, comme lui, même s'il a reçu l'Esprit en abondance [5] et qu'il ait été aussi purifié des passions qu'un Spirituel.

[47] Les disciples eux-mêmes, (ces) merveilles de sainteté, ces *instruments choisis* de pureté [6], (ces) réceptacles de l'Esprit de Dieu [7], ne négligèrent jamais, après qu'ils furent séparés de leur Seigneur, le jeûne qu'ils en avaient appris [8]. Or nous n'allons pas imaginer que les passions adverses du corps se soient éveillées en eux également, après qu'ils furent consommés en perfection par l'Esprit [9]. Mais juge du jeûne constant qu'ils pratiquaient d'après ce qui est écrit à leur propos : *Ils jeûnaient et priaient sans cesse* [10]; et c'est à bon droit que l'un d'eux rendait dans l'Esprit-Saint ce témoignage à son sujet, qu'il avait vécu les tourments de la *faim* et de la *soif* lors de (ses) *jeûnes nombreux* [11].

[48] Mais regarde-moi plutôt comme il faut celui qui fut *rempli de l'Esprit dès le ventre maternel* [12], et qui est de loin *le plus grand des enfants de la femme* [13] : il n'use même pas, comme tout le monde, de la nourriture ordinaire, mais il se sustente parcimonieusement d'une nourriture étrange et inaccoutumée, exténuant et amaigrissant son corps à force de fatigues [14]. Est-ce donc qu'il était assiégé par les passions de la chair? est-ce pour cela qu'il s'astreignait à jeûner? Mais qui aurait la folie de prétendre que celui qui vivait de l'Esprit depuis le moment de sa naissance [15] était tenu de s'astreindre à la lutte contre les passions corporelles!

[49] Quant au bienheureux Paul, qui a dit : *Je maîtrise mon corps et je le réduis en esclavage* [16], il ne (devait) pas davantage

1 Cfr *Jean*, v, 30. 2 Cfr *Matth.*, III, 13-15. 3 Cfr *Matth.*, IV, 2. 4 Cfr *Matth.*, III, 13; IV, 1. 5 Cfr *Matth.*, III, 16. 6 Litt. : « de sainteté ». *Actes*, IX, 15. 7 Cfr *Actes*, II, 3-4. 8 Cfr *Actes*, XIII, 3; *Matth.*, IX, 15. 9 Cfr *Actes*, II, 3-4. 10 *Actes*, XIII, 3. 11 2 *Cor.*, XI, 31, 27. 12 *Luc*, I, 15. 13 *Matth.*, XI, 11. 14 Cfr *Matth.*, III, 4. 15 Cfr *Luc*, I, 15. 16 1 *Cor.*, IX, 27.

en craindre les passions, car il était mort au siècle, comme il (l')a dit, et vivant dans le Christ [1]; mais c'est évidemment pour rendre les autres chastes (en) les stimulant à maîtriser leur *corps* [2] qu'il a parlé (ainsi) ; non comme s'il eût été lui-même importuné par les importunes passions corporelles, mais * pour apprendre à tous que, * p. 89 tout *vivant de l'Esprit* (et tout) supérieur aux passions infamantes qu'il était [3], il ne cessait pas pour autant de *maîtriser son corps et de le réduire en esclavage* par les fatigues du jeûne et de l'abstinence [4], ainsi qu'il (le) dit en un autre endroit : *Ceux qui appartiennent au Christ et qui vivent de l'Esprit ont crucifié leur chair avec toutes ses affections et ses convoitises. Vivons donc dans l'Esprit, et livrons-nous à l'Esprit* [5].

[50] Car voici ce qui plaît à *l'Esprit,* et voici ce qui sied aux *temples de Dieu,* qui *vivent de* lui [6] : c'est qu'ils soient *saints* et préservés de l'excès de nourriture et des autres *passions,* sans être soumis le moindre instant au désir de satisfaire leur corps [7], mais sans cesse au combat, en crucifiés [8]; (c'est que), dès à présent citoyens en mystère du siècle nouveau [9], ils trouvent nourriture et force en l'Esprit de Dieu, qui est en eux, en se maintenant en vie par une maigre nourriture [10], conformément aux besoins primordiaux de la nature, afin que le Malin les craigne et les fuie, aussi dépité que (s'ils étaient) des Spirituels [11].

[51] Car comment Satan ne frémirait-il pas de dépit en apercevant chez des humains la conduite des anges? Et comment trouverait-il l'audace de venir réveiller les passions luxurieuses chez ceux qui sont remplis de sainteté et dont le corps est déprimé par un jeûne pénible? Tels étaient tous les saints, qui ont plu à Dieu depuis le (commencement du) monde : car lequel des justes (de) l'Ancien ou (du) Nouveau (Testament) ne s'est pas orné de la grande beauté du jeûne, et n'(en) a pas terrifié le Malin?

[52] Aimons donc ardemment, bien-aimés, et acquérons, nous aussi, l'aimable beauté du jeûne, qui orne et embellit nos âmes et qui nous rend redoutables à Satan. Accomplissons (notre jeûne) joyeusement, avec pureté d'intention, toutes nos *volontés propres*

1 Cfr *Gal.,* VI, 14; II, 20. 2 Cfr 1 *Cor.,* IX, 27. 3 Cfr *Gal.,* V, 24. 4 Cfr 1 *Cor.,* IX, 27. 5 *Gal.,* V, 24-25. 6 Cfr 1 *Cor.,* III, 16-17; *Gal.,* IV, 24. 7 1 *Thess.,* IV, 3-5. 8 Cfr *Gal.,* V, 24. 9 Cfr *Rom.,* VI, 4. 10 Cfr *Dan.,* I, 12-13. 11 Cfr *Matth.,* XVII, 20.

perdues dans la seule *volonté de Dieu*[1]. N'imitons point le peuple récalcitrant, que Dieu tance en disant : *Les jours de jeûne, vous faites votre volonté*[2]*!* Jeûnons donc sincèrement[3], quant à nous, * p. 90 en * annihilant notre *volonté propre* et en accomplissant la seule *volonté de Dieu*[4], parce qu'il est écrit que *celui qui fait sa volonté propre est pareil à celui qui fait la volonté de son ennemi*[5]. Or la *volonté propre* désire apparaître dans le jeûne; ne la *faisons* donc pas, afin de ne pas accomplir avec elle la *volonté de* notre *ennemi*[6]*;* et qui est notre ennemi, sinon Satan[7]?

[53] *Jeûnons* donc selon la *volonté* de Dieu, sincèrement[8] (et) de (tout) cœur, sans faire notre *jeûne* selon la *volonté* de Satan[9], par *hypocrisie*, en *jeûnant pour les regards* extérieurs, comme (pour plaire) aux *hommes :* en *recevant* notre *récompense* des *hommes* par leur vaine *louange*, nous serions exclus de la récompense divine[10], suivant ce que Notre-Seigneur dit des *Pharisiens aveugles*[11], en dissuadant de les imiter : *Quand vous jeûnez*, dit-il, *ne soyez pas moroses comme les hypocrites : ils prennent une mine défaite, pour que les hommes voient bien qu'ils jeûnent. En vérité, je vous le dis : ils ont déjà leur récompense*[12].

[54] Et s'il nomme *mine défaite* le *jeûne* qui prend un air *morose pour (recevoir) des louanges*[13], que feront (donc) ceux qui veulent se faire passer pour jeûneurs tout en ne jeûnant point! Ils mangent, mais s'essuient la bouche, comme s'ils n'avaient goûté à rien; et ils (s'efforcent de) convaincre la conscience du Juge par des semblants de raisons : C'est soi-disant du bien d'autrui qu'ils se soucient; (ils ont) en vue l'édification de son âme; mais, à vrai dire, c'est pour voiler sous la *louange des hommes*[14] la honte de leur ignominie. Ils se ménagent (ainsi) leur propre perte[15]; car si celui qui est un véritable jeûneur et qui cherche à *paraître* tel *pour (en) recevoir des louanges* perd sa *récompense*[16], à combien plus forte raison mérite-t-il de périr lui-même, celui qui se montre sous les dehors d'un jeûneur tout en ne l'étant point!

[55] Gardons-nous donc bien, non seulement de cela, mais aussi

1 Cfr *Jean*, v, 30. 2 *Is.*, LVIII, 3. 3 Litt. : « purement ». 4 Cfr *Jean*, v, 30. 5 *Eccli.*, XVIII, 31. 6 *Ibid.* 7 Cfr *Matth.*, XIII, 39. 8 Litt. : « purement ». 9 Cfr *Is.*, LVIII, 3; *Eccli.*, XVIII, 31. 10 Cfr *Matth.*, VI, 16-18, 2. 11 *Matth.*, XXIII, 26. 12 *Matth.*, VI, 16. 13 Cfr *ibid.*, 16, 2. 14 Cfr *ibid.*, 2. 15 Cfr *Phil.*, III, 19. 16 Cfr *Matth.*, VI, 16.

de rechercher le désir de la *louange* en manifestant extérieurement notre jeûne, lorsque nous jeûnons véritablement ; et ceci nous arrivera si notre esprit le désire au-dedans (de nous), et qu'il s'astreigne à *jeûner afin * que tout le monde voie bien* que nous sommes des * p. 91 justes, soumis à un régime pénible [1]. Qui ne pleurerait et ne plaindrait ceux-là, qui vendent leurs fatigues contre de la vaine gloire, et qui perdent la récompense de la gloire permanente venant de Dieu pour d'éphémères compliments venant des hommes [2] ! Leur corps est déprimé et meurtri par les fatigues, mais leur esprit s'enfle et s'élève par la vanité ! La bouche est sevrée de vin et assoiffée d'eau, mais le cœur est ivre de vanité et altéré de vaine gloire. Ils repoussent les aliments donnés aux fidèles pour qu'on (en) *rende grâces à Dieu* [3], mais ils aspirent à un *orgueil* qui *n'a pas été donné aux enfants de la femme,* comme il est écrit [4], en claironnant bien haut leur jeûne à tout venant, pour en être exaltés [5].

[56] Mieux vaudrait qu'ils se nourrissent de *viande* et de *vin* [6], plutôt que de pratiquer un jeûne pénible qui constitue, en réalité, la ruine de leur salut, à cause de la vaine gloriole (qu'ils en tirent) pour eux-mêmes [7] ; c'est-à-dire qu'ils se perdent eux-mêmes par leur folie : non pas que ce soit le jeûne qui serait nuisible, à Dieu ne plaise ! mais ce sont eux qui ne savent pas (s'en servir) pour leur salut, tout comme si l'on se crevait l'œil avec son doigt, ou que l'on s'étranglât de ses propres mains. C'est ainsi que ceux-là retirent la mort de leur âme du jeûne, qui est plein de la vraie vie, parce qu'ils jeûnent par hypocrisie, pour être vus des hommes [8]. Leur jeûne s'annihile si on ne les regarde pas, puisqu'il est observé pour les yeux des hommes, et non pour le regard de Dieu [9], et (puisque) ce qui se fait pour eux (doit) fatalement s'annihiler, dès qu'ils ne sont plus là.

[57] Fuyons donc l'exemple pernicieux du jeûne mensonger, et *jeûnons* véritablement pour *Dieu dans le secret,* afin d'en être *récompensés* publiquement devant toutes les créatures [10]. Or celui qui aime Dieu et ne cherche à plaire qu'à lui s'arrange pour lui

1 Cfr *Matth.*, VI, 16. 2 Cfr *ibid.*; 2 *Cor.*, IV, 17-18. 3 Cfr 1 *Cor.*, X, 31; *Rom.*, XIV, 6. 4 *Eccli.*, X, 22. 5 Cfr *Matth.*, VI, 2. 6 Cfr *Rom.*, XIV, 21. 7 Cfr *Matth.*, VI, 2. 8 *Ibid.*, 16. 9 *Ibid.* 10 Cfr *ibid.*, 18.

* p. 92 plaire secrètement dans toutes ses actions [1]; et puisque Dieu, * qui le voit sans cesse, est près de lui [2], il ne néglige jamais les vertus (du jeûne), mais lutte plutôt jour après jour pour embellir son âme de ses beautés.

[58] Si donc nous nous proposons de plaire à Dieu par notre jeûne, jeûnons secrètement, en parant notre âme de sa beauté, comme Notre-Seigneur nous l'a appris : *Pour toi*, dit-il, *quand tu jeûnes, lave-toi le visage et parfume-toi la tête, pour que les hommes ne remarquent pas que tu jeûnes* [3]*;* c'est-à-dire : Ne cherche pas à *être vu des hommes en jeûnant pour (en recevoir) des louanges,* en imposant un triste deuil à ton habit extérieur [4], mais (cherche à être vu) *de ton Père qui est dans le secret.* Montre-lui que ton cœur est pur de (toute) *hypocrisie lorsque tu jeûnes; et ton Père, voyant dans le secret* que tu es pur de (toute) louange humaine, *te récompensera* publiquement dans sa gloire [5].

[59] (Instruits) de cet exemple salutaire, rendons (notre) jeûne sincère [6] et vrai; jeûnons intégralement, d'âme et de corps, afin que la récompense qui nous sera donnée par Dieu soit complète et parfaite. Alors que le corps recueille du profit de son jeûne, que l'esprit ne le disperse pas par sa vanité, imitant celui qui recueille d'une main et disperse de l'autre, ou cet (autre), qui serre son gain dans une bourse percée; mais que le corps se prive de la nourriture et l'âme des vices, c'est-à-dire, de toutes les pensées adverses qui proviennent de l'impudent Satan [7].

[60] Ainsi, rendus intégralement parfaits par le jeûne de tout mal, *affamés* et *assoiffés* en esprit du bonheur qui vient de Dieu [8], nous pourrons échapper à la *menace* de *famine,* réservée pour la fin aux *repus* d'ici-bas [9], et nous mériterons la *béatitude* du *rassasiement,* promise aux *affamés* par Notre-Seigneur, en ces termes : *Heureux, vous qui avez faim maintenant, car vous serez rassasiés* [10]*!*

[61] Gloire à lui, et puisse-t-il nous *rassasier* [11] à jamais de son bonheur! Amen.

1 Cfr *Éph.,* VI, 6-7. 2 Cfr *Actes,* XVII, 27-28. 3 *Matth.,* VI, 17. 4 *Ibid.,* 16, 2. 5 *Ibid.,* 18. 6 Litt. : « pur ». 7 Cfr 2 *Cor.,* X, 4-5. 8 Cfr *Matth.,* V, 6. 9 *Luc,* VI, 25. 10 *Ibid.,* 21. 11 Cfr *ibid.*

TABLE DES CITATIONS ET DES ALLUSIONS BIBLIQUES

L'Écriture est citée conformément aux divisions de la *Pešiṭṭā*. Les renvois sont faits à la page, l'astérisque indiquant les citations proprement dites.

Prov(erbes)

Eccl(ésiaste)

Cant(ique)

Sag(esse)

Eccl(ésiast)i(que)

Is(aïe)

Jér(émie)

Éz(échiel)

Dan(iel)

Os(ée)

Mal(achie)

Matth(ieu)

Marc

Luc

TABLE DES CITATIONS PATRISTIQUES

Les renvois sont faits à la page et à la ligne.

TABLE DES PERSONNES ET DES LIEUX

Ne sont pas relevées les diverses mentions de Dieu, du Christ et de l'Esprit-Saint. Les renvois sont faits à la page et à la ligne.

TABLE DES MATIÈRES

Le Livre de la Perfection — Deuxième partie